躺平

Lying flat

即是正義，我不是不想努力

Buddha-like

How to do?

Change yourself

傅世菱，江城子 編著

被失戀、被裁員、股票狂跌，
管他什麼亂七八糟的事，你只需要佛系應對！

堅持自己認定的事情固然重要，但是不會一切盡如人意，
人生難免挫折困頓，而又無力去改變，此時應該怎麼辦？
——你該想的不是「怎麼辦」，而是改變自己處世的眼光。

想讓自己擺脫「難過」的輪迴，首先要做的是坦然接受一切改變！

目錄

第三章　何處天空不下雨

第四章　要是換一個角度呢

第五章　當不公平從天而降

第六章　返璞歸真中的大自在

第七章　自得其樂裡的真快活

第八章　謙卑處世，低調做人

第九章　化敵為友的妙處

第十章　有一種擁有叫捨得

第十一章　幽默是一道歡喜禪

第十二章　明白到極致是什麼樣

目錄

前言

當我們的心頭布滿陰霾時，如何才能雲開霧散？當我們被各種壓力壓迫得舉步維艱時，如何才能讓腳步輕舞飛揚？

有智者在我們耳邊一再告誡：放下，放下，放下就是快樂，放下就是幸福！但問題是：我們放不下。

二十歲多時，杜鵑失戀了。她很痛苦自己無法放下這段感情也無力去挽回。她覺得自己付出太多，不應該是這樣的結局。一個長者開導她：「想像一下：在對方不愛你的情況之下，你們結婚，你們生子，你們廝守一輩子，他不愛妳，而妳也不會再愛他 —— 妳光付出情感卻沒有收到回報，很快就會因情感透支而無力繼續。要是沒有趁早分手的話，形同陌路的你們發展下去將是一個多麼大的人生悲劇！所以，妳應該感謝現在的失戀。」

杜鵑想想，也是。和一個不愛自己的人生活一輩子，真是一種鈍刀割肉般的酷刑，要比失戀難受一萬倍。這樣的感情，越早結束對自己越有利。

杜鵑想開了，心頭鬱結的氣就散了，先前覺得放下會傷筋斷骨的痛也消失了。她坦然放下這段感情，瀟灑和往事告別，神清氣爽地踏上了新的旅途。

原來，人之所以「放不下」，是因為「想不開」。一個人欲放得下，一定得先想得開。而如何「想」，則要看各自的功力。例如對於失戀，有的人認為是「和自己深愛的人分手」，而有的人則理解成「和不愛自己的人分手」。兩者之間誰更容易想開，誰更容易放得下，不言自明。再說事業，有的人經歷了九九八十一難，卻始終不見成功的曙光。不是說一分耕耘一分收穫嗎？為什麼我這麼勤奮

的耕耘卻換不回一點點收穫？命苦啊！老天不長眼呀⋯⋯人在不知不覺中墜入痛苦的泥淖，不能自拔。能放下那些失敗的過去嗎？當然能，不過你必須學會換個視角想開一點。愛迪生當年發明白熾燈時，燈絲的材料實驗了數千種材質都不理想。對每一次的失敗，他都想得很開：「我又發現了一種不適合做燈絲的材料了！」發現一條走不通的路，難道不是一種進步嗎？經歷一次次失敗，難道不是增長見識嗎？

　　就算所有的努力白費，全部的付出泡湯，我們也沒有必要沉溺在痛苦之中。以色列的第二個國王 ── 大衛王的孩子得了重病，他為孩子的病懇求神的寬恕而開始禁食。大衛王把自己關在內室裡，白天黑夜都躺在地上。他希望用這種方法求得天神的原諒，降福於他的孩子。然而在大衛王的「苦肉計」進行到第七天時，患病的孩子死去了。大衛王的臣僕都不敢告訴他孩子的死訊。大衛王見臣僕們彼此低聲說話、神色哀戚的樣子，就知道孩子死了。於是他問臣僕們說：「孩子死了嗎？」臣僕們不敢撒謊，只得如實回答：「死了。」大衛王聽到孩子的死訊，立刻從地上起來，沐浴後抹上香膏，又換了衣服，吩咐人擺上飯菜，大口大口吃了起來。大衛王對著疑惑不解的臣僕們說：「孩子還活著的時候，我不吃不喝，哭泣不已，是因為我想到也許天神耶和華會憐恤我，說不定還有希望不讓我的孩子死去；如今孩子都死了，怎麼也無法復活了，我又何必繼續禁食、哭泣來折磨自己呢？我怎麼做都無法使死去的孩子回來了！」

　　當悲劇已成定局，我們也得如大衛王一樣想得開：我努力過了，奮鬥過了，爭取過了，我已經沒有任何在精神或肉體上虐待自己的理由，因為任何的抗爭與悲傷都無濟於事。既然無濟於事，那麼不如善待自己，過好自己的每一天。

天使之所以能夠飛翔，是因為他們有著輕盈的人生態度。如果我們能將感情、事業、生死的事情想開一點，那麼我們會發現我們其實有很多該放下卻沒放下的東西。這些東西，妨礙了我們愉悅的心情，讓我們變成一個連自己都覺得可憐的人。

　　想開點，放下些。想開、放下是一種彈性的生活方式。一個想得開的人，不僅放得下，而且熬得過難關。這樣說來，想得開真是一枚開心果、一粒解煩丹、一道歡喜禪。

編者

第一章
人生三苦的詠嘆調

傳統的人生三苦，是「撐船打鐵磨豆腐」。這「三苦」，都苦在極其耗費人力卻回報微薄。好在現今機械替代了傳統的人力。這「三苦」已經成為了歷史。

然而，人生的苦難，並不會僅僅因為科學技術的進步而減少。其實，人之苦，主要是苦在心靈。這不，舊的人生三苦剛過去，新的人生三苦又來了。這新的「三苦」一提出來，就立即引起了很多人的認同。新的人生三苦是什麼呢？──想得到的得不到，痛苦；得到了發現不過如此，痛苦；得到之後失去了，痛苦。人啊，得不到時痛苦，得到了也痛苦，得到後失去了還是痛苦。痛苦，痛苦，痛苦，從人降生時自己的哭泣開始，到死亡時別人的眼淚結束。人生，難道真的注定是一首由痛苦音符組成的詠嘆調嗎？

真正的快樂是內在的，它只有在人類的心靈裡才能發現。

—— 布雷默（Ian Arthur Bremmer）

美好的生命應該充滿期待、驚喜和感激。

—— 莫利

我們該把我們的工作主要用來賺得自由自在，而不是那些金錢。

—— 羅斯福（Franklin Delano Roosevelt）

人類的一切努力的目的在於獲得幸福。

—— 歐文（Washington Irving）

所謂內心的快樂，是一個人過著健全的、正常的、和諧的生活所感到的快樂。

—— 羅曼‧羅蘭（Romain Rolland）

得失本是糊塗帳

俄國文學家托爾斯泰（Leo Tolstoy）：「不幸的家庭各有各的不幸。把這句話套用在個體的人身上也非常貼切：不幸的個人各有各的不幸。不過總結來說，人的不幸大部分源於「得失」二字：想要得到某些東西，但卻得不到，於是憤恨、嫉妒、氣急敗壞等各種情緒便出現了。抑或是你不想失去什麼，卻偏偏失去了，於是就變得沮喪、挫折、怨天尤人。一個人既憂心於得不到所要的東西，又悔恨於所失去已經擁有的，再加上擔心可能將要失去的東西。得失之間，內心忐忑，豈能不苦？」

一對經常拌嘴的夫妻，有一天一起出遊，經過一個小湖。太太看到湖上兩隻鵝恩愛相互依偎在一起，就感慨地說：「你看，他們多恩愛呀！」

丈夫聽了，一聲不吭。

到了下午，這對夫妻回家時，又經過那小湖，依然看見那對鵝在湖面上卿卿我我，真是令人羨慕！

此時，妻子又開口了：「你要是能像那隻公鵝一樣體貼溫柔，那就好了。」

「是啊！我也希望如此啊！」先生指著湖面上的那一對鵝說：「不過，你有沒有看清楚，現在那隻母鵝，並不是早上那一隻哦！」

俗話說：「有一好，就沒兩好。」蠟燭不可能兩頭燒，甘蔗不可能兩頭甜。但在你得到嬌妻的同時，意味著要失去單身時代的無拘無束。而且當你找了一個會持家的人，她對你的某些嗜好也可能「精打細算」。

有一則故事，說的是精神病院的兩個病人。第一個病人手裡總握著一張女人的照片，一邊哭一邊用頭撞牆壁。照片上的女人是這個人曾經深愛過的人，但是那女人卻嫁給了別人。這人因為打擊巨大而精神失常，在精神病院，他不論醒著或睡時，都不肯將照片放下。另一個病人

口裡總是嘟囔著一個名字，一邊哭一邊用頭撞牆壁。這個人嘟囔著一個女人的名字，聲稱要殺了她。他嘴裡的女人是他的妻子，因為妻子長年累月的刁難、刻薄與譏諷，他精神失常了。

這個故事似乎很平常。不過如果你知道了後者所念叨的名字就是前者相片中的人名字，就會感覺出其中的不平常了。其實，任何事物都是一樣——有得必有失，有失必有得，得失都是相對的。當你失去某些東西，就會得到另一些東西；當你想要得到某種東西時，你也會失去另一種東西。任何事物皆有「互為因果」的關係。今天某件看起來「得」的事物，可能已經種下明天另一件事物「失」的因果。相對來說，明日之「失」也可能是後日之「得」。

俄國著名詩人普希金（Aleksandr Sergeyevich Pushkin）在一首詩中寫道：「一切都是暫時，一切都會消逝；讓失去的變為可愛。」

居禮夫人（Marie Curie）的一次「幸運失去」就是最好的說明。西元一八八三年，天真爛漫的瑪麗亞（居禮夫人）中學畢業後，因家境貧寒沒錢去巴黎上大學，只好到一個鄉紳家裡去當家庭教師。她與鄉紳的大兒子凱西密爾相愛，就在他們私下計劃結婚時，卻遭到凱西密爾的父母反對。這兩位老人雖然深知瑪麗亞生性聰明，品德端正，但貧窮的女教師怎麼能與自己家庭錢財和身分相匹配？父親大發雷霆，母親幾乎暈了過去，凱西密爾只好屈從了父母的意志。

失戀的痛苦折磨著瑪麗亞，當時她曾有過「向塵世告別」的念頭。幸好瑪麗亞不是平凡的女人，她放下愛情，刻苦自學，並幫助當地貧苦農民的孩子學習。幾年後，她又與凱西密爾進行了最後一次談話，她發現凱西密爾還是那樣優柔寡斷，她決定結束這段感情，去巴黎求學。這一次「幸運的失戀」，雖然是一次失去，但如果沒有這次失去，她的人生將會是另一種寫法，或許世界上就會少了一位偉大的科學家。

人一旦想通了，再遇上什麼得失就不會放在心頭了。民國時期著名

的新月派詩人徐志摩曾說：「我將於茫茫人海中訪我唯一靈魂的伴侶，得之，我幸；不得，我命。如此而已。」這是他在追求陸小曼時說的話。後來他得到了陸小曼，但為了滿足陸小曼奢靡的生活，他頻繁往來於南北授課，最後將自己34歲的生命獻給碧藍的天空 —— 他死於西元1931年的飛機失事。他終於輕輕的從陸小曼的身邊走了，正如他輕輕的來，他輕輕的揮手，沒有帶走陸小曼身邊的一朵雲彩。

看了上面這個小故事，我們難道不會糊塗嗎？如果徐沒有得到陸小曼，他的生命會在風華正茂中凋謝嗎？如果他沒有在風華正茂中凋謝，在往後苦難深沉、變幻莫測的時局中，他的愛情和他個人，又會面臨怎樣殘酷的考驗？到底是得之是我幸，還是不得乃我幸？我們說不出答案，我們糊塗了。在糊塗之中，我們對於答案不再追問，對於得失不再看重。

享受現在的擁有

從前有位財主，他對自己地窖裡珍藏的酒非常自豪 —— 窖裡保留著一壇只有他才知道有多珍貴，而且他準備只在某種高級場合才能喝的陳酒。

縣太爺登門拜訪，財主提醒自己：「這壇酒不能為僅僅一個縣長啟封。」

知府大人來看他，他自忖道：「不，不能開啟那壇酒。他不懂這種酒的價值，酒香也不應該飄進他的鼻孔。」

欽差大臣來訪，和他共進晚餐，但他想：「讓區區一個飲差喝這種酒那可是過於奢侈了。」

甚至在他親侄子結婚那天，他還對自己說：「不行，接待這種客人，不能拿出這壇酒。」

一年又一年，財主死了。

　　下葬那天，珍藏的陳酒罈和其他酒罈一起被搬了出來，左鄰右舍的農民把所有的酒統統喝光了。誰也不知道這壇陳年老酒的久遠歷史。

　　對他們來說，所有倒進酒杯裡的僅僅是酒而已。

　　與之相對應，一位外國記者曾講過這樣一個故事：

　　這位記者曾採訪過鋼琴大師魯賓斯坦（Arthur Rubinstein），臨別時大師送給他一盒上等雪茄。這位記者表示要好好珍藏這一禮物。鋼琴大師告訴他：「為什麼要珍藏？不要這樣，你一定要享用它們，這種雪茄如同人生一樣，都是不能保存的，你要盡情去享受它們。不能享受人生，人就沒有快樂。」

　　如古時所云：

　　勸君莫惜金縷衣，勸君惜取少年時。

　　花開堪折直須折，莫待無花空折枝。

　　一個人登山為了什麼？是為了登頂，還是為了享受登頂過程中的美景？

　　但在人生道路上可有絕對的頂峰，在不停攀登過程中，學會欣賞一路的景色，才能使自己的人生顯現出瑰麗。人生應該有兩個目標：第一是得到所想要的東西，盡力去爭取；第二是享受你現在所擁有的。然而只有最聰明的人才能做到這兩點。一般人總是朝著第一個目標邁進，他們根本不懂得享受。

　　我有一個朋友，在外打拚十多年，已經邁入了千萬級富人之列。他有豪宅，有名車，有嬌妻，有愛子。這樣的人生，應該是幸福美滿的。但他卻很少開心。商戰搏殺讓他神經衰弱，失眠與多夢折磨了他數年，怎麼治療也不見好轉。心理醫生建議他每年給自己放半個月假，外出度假放鬆自己卻依然不見效。有一次，我一家三口與他一家三口結伴去度假，剛一下飛機，就見到他急忙打開手機，給自己公司的總經理打

電話，談論公司的各種問題。其實，公司的總經理是他信得過的人，公司的財務總監是他弟弟，他外出根本不用他操多少心。

到了如詩如畫的山水面前，也不見他怎麼親近山水。他是身在度假，心卻在公司，不是與我探討他生意上的事情，就是打電話給公司。毫無疑問，這樣的度假，根本無法得到身心上的放鬆，甚至可能會比不度假還讓人累。因此他的神經衰弱、失眠多夢的問題，絲毫沒有好轉。

人生的道路上如果只有攀登，而沒有駐足去欣賞、享受攀登所帶來的美景，那還有什麼意義？事業是沒有終點的，享受卻可以隨時開始。

大多數人都認為，所謂享受，那可是有錢人的特權。其實不然，聽驟雨敲窗，看雲舒雲卷，賞花開花落……這些，都是與金錢無關。就像我上面提到的那位富人朋友，他有錢卻沒有心思去欣賞與享受。會享受人生的人，不在於擁有多少財富，不在於住房的大小，薪水的多少，職位的高低，而在於你是否有這份悠然之心。

生活永遠不是完美的。對於我們普通大眾來說，或許在養家糊口中不得不忙碌奔波。但在忙碌奔波時，我們依然可以找到快樂。不管你的現狀如何、目標如何，都別忘了人生的第二個目標：享受你現在所擁有的。沒有必要總是給享受預設很多前提條件，人生本身就是由每一個「當下」或「現在」所組成，享受現在就能成就一生。

不少人的心緒在過去和未來之間擺蕩，不是對過去耿耿於懷，就是對將來憂心忡忡，渾然不知「當下」的滋味，結果是對過去的包袱無法丟棄，而未來的重擔又把自己壓得喘不過氣來，不得不在過去和未來之間遊移。

現在就是我生命中最美好的時光！這其實就是佛陀當年所說的「活在當下」。東西方在文化上有一定的差異，卻對「珍惜現在，享受現在」有著一致的看法。

當我們結束工作時，就應當把成為過往的事情忘記，因為過去的光

陰不能再追回來。雖然我們難保一天所做不會有錯誤或蠢事，但是事情已經過去，一味的追悔，只能貽誤明天的輝煌，而成為下一個令人追悔的蠢事。今天就握在我們手中，這是一個新日子，它好像人生日記本裡的空白一頁，任由我們去寫。我們所要做的就是燃起生命的熱情，激發心中的希望，傾注全力去做好每一件事，去享受每一個今天。

最好的沉思就是留意生活，想哭就哭，想笑就笑，閒時晒晒太陽，忙時泡個熱水澡。多與他人分享快樂，少關注自己的煩惱；多留意最簡單的日常活動，少預想未來會怎樣，更不必留戀過去。快樂活在當下就是最高級的沉思。

活在當下，享受當下。生命如果說是一條奔騰不息的河流，那麼每天都是一朵跳躍的浪花。我們要與浪花起舞，享受生命中難得的每一天。

莫等失去再後悔

一匹可敬的老馬失去了老伴，身邊只有唯一的兒子和自己在一起生活。老馬十分疼愛兒子，把牠帶到一片草地上去生活，那裡有流水，有花卉，還有誘人的綠蔭。總之，那裡具有幸福生活所需的一切。

但小馬駒根本不把這種幸福的生活放在眼裡，每天吃著嫩綠的三葉草卻抱怨口味單一，在鮮花遍地的原野上毫無目的東奔西跑，沒有必要就不沐浴洗澡，還沒感到疲勞就呼呼大睡。

這匹又懶又胖的小馬駒對這樣的生活逐漸厭煩了，對這片美麗的草地也產生了反感。牠找到父親，對牠說：「近來我的身體不舒服。這片草地不衛生，傷害了我；這些三葉草沒有香味；這裡的水中帶泥沙；我們在這裡呼吸的空氣刺激了我的肺。一句話，除非我們離開這，不然我就要死了。」

「我親愛的兒子，既然這攸關你的生命，」父親答道，「那我們就馬

上離開這。」它們說完就行動 —— 父子立刻出發去尋找一個新的家。

小馬駒聽說出去旅行，高興得嘶叫起來，而老馬卻不那麼快樂，只是在前面領路。牠讓孩子爬上陡峭而荒蕪的高山，那山上沒有牧草，就連可以充飢的東西也沒有。

天快黑了，仍然沒有牧草，父子只好空著肚子躺下睡覺。第二天，牠們幾乎餓得筋疲力盡了，只吃到了一些長不高而且是帶刺的灌木叢，但心裡已十分滿意。現在小馬駒不再奔跑了。又過了兩天，牠幾乎邁不動腿了。

老馬心想，現在給牠的教訓已經足夠了，就趁黑把兒子偷偷帶回原來的草地。馬駒一發現嫩草，就急忙去吃。

「啊！這是多麼絕妙的美味啊！多麼好的綠草呀！」小馬駒高興得跳了起來，「哪來的這麼甜這麼嫩的東西？父親，我們不要再往前去找了，也別回老家去了 —— 讓我們永遠留在這個可愛的地方吧，我們就在這裡安家吧，哪個地方能跟這裡相比呀！」

小馬駒這樣說，而牠的父親也答應了它的請求。天亮了，小馬駒突然認出了這個地方原來就是幾天前它離開的那片草地。它垂下了眼睛，非常羞愧。

老馬溫和地對小馬駒說：「我親愛的孩子，要記住這句格言：幸福其實就在你的眼前。」

熟悉的地方沒風景，僕人的眼裡沒偉人。太多的美好與幸福，往往令沉浸在其中的人們覺察不到。而等到失去後再察覺原來的幸福而徒生遺憾與後悔，這種雙重的傷害十分不值！

一個心情非常糟糕的人去看心理醫生。醫生問他：「你覺得有什麼地方不對勁？」

「兩個月前我在美國的遠房親戚去世，留給我 5 萬美元遺產，上個月我無意中買了幾張彩票，中了 10 多萬的獎。」

「那你為何而傷心？」醫生循循善誘。

「這個月已經是 28 號了，可我還沒有得到意外之財！」病人憤憤不平。

這個人真是可悲又可笑，不為自己得到意外之財而高興，卻為自己沒有得到意外之財而憂心。生活中這種身在福中不知福的人還真不少。

曾經看過一幅名為「福在哪裡」的漫畫：畫上畫著一個大大的「福」字，一個人站在「福」字的「口」中向外張望，嘴裡問：「福在哪裡？」福在哪裡呢？他真是身在福中不知福啊。

為什麼一定要等到所愛的人離去，才會想起他的美好？為什麼一定要父母駕鶴西行，才會想起他們的恩情？靜下心來，好好珍惜那些如空氣般環繞在你周圍的幸福吧！

專門找碴的人

你是不是也認識這樣的人 —— 看事情總是抱著負面的想法，喜歡挑別人的毛病，專門注意錯處，吹毛求疵，整天抱怨除了自己以外的任何事。

這類的人，慣於從別人的言行舉止中看出「弦外之音」，凡事總是往最壞的一面解釋，並拿著「放大鏡」把問題過度放大，把自己和周遭的人都搞得「雞犬不寧」，自己辛苦，別人也辛苦。

阿美愛看事物的「黑暗面」。自從她嫁到丈夫家後，更是變本加厲 —— 進了門有人忘了招呼她，她就認為是「瞧不起她」；有人聊了些她不感興趣的話題，就被他說成是「忽視她」；當全家聚在一起有說有笑時，她說大家都「冷落她」。

丈夫當然很無奈，希望向她好好解釋，哪知話才說了一半，她就又抱怨了：「我就知道，你只會護著你的家人。」所以一直以來她與婆家總是不和。

為了知道自己在丈夫心中的分量，有一天，阿美心血來潮，不斷纏著丈夫問：「你到底愛不愛我？」

丈夫或許礙於羞澀，或許無心回答，一直默不作聲。

儘管丈夫不作答，小美仍是膩聲直問：「你愛不愛我嘛？到底愛不愛我……」

丈夫仍不作答。到了後來，阿美假戲真做，哭了起來：「你不回答，我就知道你不愛我了。」

丈夫也急了，忙道：「我怎麼會不愛你呢？我若是不愛你，又怎麼會娶你當老婆？」

哪知，聽了這番話，阿美反而哭得更傷心：「你看，我就知道你不愛我，你的兩句話當中，句句都有『不愛你』這三個字……」

悲觀的人，總是絞盡腦汁要為自己找到痛苦的理由。最詭異的是：當你在找傷心痛苦的理由時，你一定會找到，而且找到的比原先想找的還多。

曾在網上看到過一則笑話──

某天早上張三還在睡覺，卻突然被吵醒，睜眼一看，原來老婆正氣呼呼對他罵：「你真的好過分，昨晚我夢到你和一個女人眉來眼去，你還牽著人家的手。」

一臉錯愕的張三，白了太太一眼：「那只不過是個夢嘛！」

「什麼只是個夢！」太太更加氣憤：「你在我的夢裡都敢這樣了，在你的夢裡那還得了！」

就像阿美與笑話中的太太一樣，如果我們想找碴，只會越找越多。何況這世界上誰沒有瑕疵呢？

「一隻滿身是泥的狗，總能甩得別人一身泥」，這就是問題所在。

為什麼要找出瑕疵呢？原因很簡單，我們只要不斷證明別人是壞人、是罪人，是別人欺負你、對不起你，每一個人都是錯的，那麼相較

之下，你顯然就成了對的、好的，是受委屈的一方。如此一來，你就不需要去改變自己，既然你是「對的」，又何必改變呢？所以才有許多人樂此不疲，一再把注意焦點放在別人的錯失上。

幸福並不都相似

托爾斯泰說：「幸福的家庭都是相似的，不幸的家庭各有各的不幸。」其實，豈止「不幸的家庭各有各的不幸」，幸福的家庭也同樣各有各的幸福。這是因為：幸福是沒有標準、無法類比的，真正的幸福更不可能是全然相同的。

現實生活中的人就像夜幕下的星星一樣，都在按照自己的軌跡不停運動。對於許多人來說，他們雖然生活著，卻無法找到自己的坐標，因為他們總是參照別人的標準活著。時常有人讚嘆：「瞧，那傢伙有一輛跑車，多漂亮！」繼而想：「要是我能擁有一輛那樣的跑車有多好！那我該有多幸福！」住豪華別墅，開高級轎車，穿名牌時裝，吃山珍海味……在許多人的心目中，這才是幸福生活的標準。

確實，許多人是把上述這些當成了幸福的標準，並努力追求達到這個標準。然而，當他們達到這個標準，進而享受自己認為的幸福時，卻發現自己的標準大有問題。

在一個大山中，有兩個年齡相仿的男子：石蛋和柱子。石蛋在二十二歲就結婚，很快就有一對兒女。家中本來就清貧，成家後有了負擔的石蛋，儘管日出而作、日落而息，但日子始終過得捉襟見肘。柱子見昔日快樂的單身漢石蛋過著這樣的日子，不勝唏噓。他決定終身不娶，並且遠離家鄉，在外面潛心做生意。最後柱子如願以償，成為一名富翁。

20多年過去了，經商在外的柱子思念家鄉，就衣錦還鄉了。一路上，他意氣風發，心裡一直想著如何炫耀自己的成功與幸福。回家以

後，柱子經常去鄰居家串門，在鄉親們的讚美聲中感覺自己是多麼幸福的一個人。直到有一天經過石蛋的家門，他才明白自己的幸福在石蛋面前是多麼的渺小。

這是個陽光明媚的午後，柱子依舊在村子裡踱步。當他走過石蛋的家門時，聽見一陣笑聲 —— 是石蛋夫婦在笑。好奇的柱子從門縫往裡瞧：石蛋的大女兒懷著身孕回娘家，二十歲的小兒子滿院抓雞殺，雞飛狗跳中把頭上的帽子掉進了院子裡的小水塘中。石蛋夫婦坐在籐椅中，一臉的幸福。

柱子忽然懷疑起自己來：我有什麼？我除了錢就是錢。沒有天倫之樂，沒有親情呵護……

看來，20 多年的歲月洗禮，並沒有讓柱子對幸福的理解有半點長進。無論是 20 年前還是 20 年後，他都僅僅根據眼裡所見到的表面現象來評判幸福。殊不知，幸福更重要是個人的感覺。你覺得你幸福，你就幸福。不要去和別人攀比，因為每一個人對於幸福的理解都不同。拿柱子來說，他一直覺得自己做一個單身富豪的幸福，那就享受這樣的幸福就行了，用不著再去和別人攀比。

家家都有本難念的經，每個人都會有不盡如人意的時候，也有不盡如人意的地方。對此，有的人苦惱不已，更有的人盲目羨慕別人。這兩種人有一個共同的特點，那就是不懂得如何珍惜自己的擁有。

人生痛苦的陷阱

有個故事說，佛陀為了消除人間的疾苦，就從人間選了 100 個自認為最痛苦的人，讓他們把各自的痛苦寫在紙上。寫完後，佛陀說：「現在，把你們手裡的紙條交換一下。」這 100 個人交換過手裡的紙條後，又都爭著從別人手裡搶回自己寫的。

我們身邊很多人看到的都是自己的痛苦和別人的快樂，卻看不見別

人內心深處的痛苦，更看不到自己已經擁有的快樂，所以總認為自己是不幸的。這實際上是一種偏頗的思想。當我們真正了解了別人的痛苦之後，也許就會覺得自己的痛苦微不足道了。

其實，上蒼在給了我們生命的同時，也給了我們一樣的天空，一樣的陽光，一樣的雨露，一樣的土壤。我們無論行走在陽光地帶，還是跋涉在沼澤泥潭，都不要抱怨什麼，而是要堅定走過去，透過自己的努力迎接幸福的到來。

一座泥像立在路邊，在風吹雨打中日漸消瘦。他多麼想找個地方避避風雨，然而他無法動彈，也無法呼喊。他太羨慕人類了，他覺得做一個活人真好，可以無憂無慮、自由自在到處奔跑。他不停向上帝祈禱，希望上帝能幫助自己變成人。

恰巧這天上帝路過此地，泥像用他內心的聲音向上帝發出呼救。

「上帝，請讓我變成活人吧！」泥像說。

上帝看了看泥像，微微笑了笑，然後衣袖一揮，泥像立刻變成了一個活生生的青年。

「你要想變成活人可以，但是你必須先跟我試走一下人生之路，假如你承受不了人生的痛苦，我馬上可以把你還原。」上帝說。

於是，青年跟隨上帝來到一個懸崖邊。

只見兩座懸崖遙遙相對，此崖為「生」，彼崖為「死」，中間由一條長長的鐵索橋連接著。而這座鐵索橋，又由一個個大大小小的鐵鍊環組成。

「現在，請你從此岸走向彼岸吧！」上帝長袖一拂，已經將青年推上了鐵索橋。

青年戰戰兢兢，踩著一個個大小不同的鏈環前行，然而一不小心，跌進了一個鏈環之中，頓時兩腿懸空，胸部被鏈環卡得緊緊的，幾乎透不過氣來。

「啊！好痛苦呀！快救命呀！」青年揮動雙臂，大聲呼救。

「請你自救吧。在這條路上，能夠救你的，只有你自己。」上帝在前方微笑著說。

青年扭動身軀，奮力掙扎，好不容易才從這痛苦之環中掙扎出來。

「你是什麼鏈環，為何卡得我如此痛苦？」青年憤然道。

「我是名利之環。」腳下的鏈環答道。

青年繼續朝前走。隱約間，一個絕色美女朝青年嫣然一笑，然後飄然而上，不見蹤影。

青年稍一走神，腳下一滑，又跌入一個環中，被鏈環死死卡住。

可是四周一片寂靜，沒有一個人回應，沒有一個人來救他。

這時，上帝再次在前方出現，他微笑著緩緩說道：

「在這條路上，沒有人可以救你，只有自救。」

青年拚盡全力，總算從這個環中掙扎了出來，然而他已累得精疲力竭，便坐在兩個鏈環間小憩。

「剛才這是個什麼痛苦之環呢？」青年想。

「我是美色鏈環。」腳下的鏈環答道。

經過休息後，青年頓時神清氣爽，心中充滿幸福愉快的感覺，他為自己終於從鏈環中掙扎出來而慶幸。

青年繼續向前趕路。然而料想不到的是，他接著又掉進了欲望的鏈環、妒忌的鏈環、仇恨的鏈環……等他從這一個個痛苦之環中掙扎出來，青年已經完全疲憊不堪了。抬頭望去，前面還有漫長的一段路，他再也沒有勇氣走下去了。

「上帝！我不想再走了，你還是帶我回到原來的地方吧。」青年呼喚著。

上帝出現了，他長袖一揮，青年便回到了路邊。

「人生雖然有許多痛苦，但也有戰勝痛苦之後的歡樂和輕鬆，你真

的願意放棄人生嗎？」上帝問道。

「人生之路痛苦太多，歡樂和愉快太短暫太少了，我決定放棄成為活人，還原為泥像。」青年毫不猶豫。

上帝長袖一揮，青年又還原為一尊泥像。

「我從此再也不必承受人世的痛苦了。」泥像想。

然而不久，泥像被一場大雨沖成一堆爛泥。

人生路上痛苦與快樂必然形影相隨。人活著，又無法任意選擇，有誰能說我只要快樂，不要痛苦呢？勇敢承擔苦痛，坦然享受快樂這才是人生之要義。沒有痛苦，快樂也是不完整的。

追求幸福的障礙

德國悲觀主義哲學家叔本華（Arthur Schopenhauer）曾說過一句不悲觀的話：「我們很少去想已經有了的東西，但卻念念不忘得不到的東西。」這句話發人深省。

我們當中大多數人似乎都是這樣，依循既有的模式活著 ——

年輕時，希望考上好學校，找到好工作，再結婚生子、買車子、買房子，然後等一切都達到了，又期待有更高的職位，更豪華的房子……滿腦子都想著賺更多的錢、過更好的生活。

而有些人每天所面臨最大的困擾，居然是該穿哪一件衣服外出。一早起來，就煩心：「我到底該穿哪一件衣服呢？黃的、紅的、紫的？穿圓領、V字領……」總覺得滿滿的衣櫃裡似乎永遠都欠缺著那麼一件「剛好可以」搭配的衣服。

其實，你已經擁有那麼多了，而你的心卻不在已經擁有的東西上。你的心一直在找尋那些沒有的。你越是去想自己所欠缺的，就越沮喪，而越沮喪就越會去想欠缺的 —— 於是你變得不滿，總是抱怨，沒有盡頭。

　　表面上，你是在追求幸福，但其實是在找不幸。追尋幸福最大的障礙，即是期望過大的幸福。

　　亞伯拉罕・林肯（Abraham Lincoln）曾說過一個非常動人的故事。有個鐵匠把一根長長的鐵條插進炭火中燒得通紅，然後放在鐵砧上敲打，希望把它打成一把鋒利的劍。但打成之後，他覺得很不滿意，又把劍送進炭火中燒得透紅，取出後再打扁一點，希望它能作種花的工具，但結果亦不如意。就這樣，他反覆把鐵條打造成各種工具，卻全都失敗了。最後，他從炭火中拿出火紅的鐵條，茫茫然不知如何處理。在無計可施的情形下，他把鐵條插入水桶中，在一陣嘶嘶聲響後說：

　　「唉！起碼我也能用根鐵條弄出嘶嘶的聲音。」

　　如果我們都有故事中鐵匠的心胸，能適當調整自己的期望值，還有什麼失敗和挫折能夠傷害我們呢？

　　安徒生有一則童話故事。

　　有一對清貧的老夫婦，有一天他們想把家中唯一值點錢的一匹馬拉到市場上去換點更有用的東西。老頭牽著馬去趕集了，他先與人換得一頭母牛，又用母牛去換了一隻羊，再用羊換來一隻肥鵝，又把鵝換成了母雞，最後用母雞換了別人的一袋爛蘋果。

　　在每次交換中，他都想著要給老伴一個驚喜。

　　當他扛著一大袋子爛蘋果來到一家小酒店歇息時，遇上兩個英國人。閒聊中他談了自己趕集的經過，兩個英國人聽後哈哈大笑，說他回去得挨老婆一頓揍。老頭堅稱絕對不會，英國人就用一袋金幣打賭，於是，兩個英國人和老人一起回到老頭的家中。

　　老太婆見老頭回來了，非常高興，她興奮聽著老頭講趕集的經過。每聽老頭子講到用一種東西換了另一種東西時，她都充滿了對老頭的欽佩。

　　她嘴裡不時說著：「哦，我們有牛奶喝了！」

「羊奶也同樣好喝。」

「哦，鵝毛多漂亮！」

「哦，我們有雞蛋吃了！」

最後聽到老頭背回一袋有點腐爛的蘋果時，她同樣不慍不惱，大聲說：「那我們今晚就可以吃到蘋果餡餅了！」

結果，英國人輸掉了一袋金幣。

從這個故事中我們可以領悟到：不要為失去的一匹馬而惋惜或埋怨生活，既然有一袋爛蘋果，就做一些蘋果餡餅好了。適時調整、降低自己的期望值，生活就會妙趣橫生、和美幸福，而且只有這樣，你才有可能獲得意外的收穫。

似金聖歎般快活

享受心中的快樂和幸福，實在是沒有一個固定的模式，到底是怎樣生活才算快樂？乞討或挨餓的人，一頓粗茶淡飯就是美味佳餚了，而養尊處優的人或許反倒食欲不佳。在驕陽下耕作的農民，到田頭樹蔭下喝杯茶吸口煙，就是莫大的享受。終日坐在書齋中苦讀的疲倦書生是想依靠在床頭假寐一會兒，而病臥床榻的人則希望能到花園裡散步或能在運動場上跑步。

明朝大文學家金聖歎在《西廂記》的批語中，曾寫下他覺得最快樂的時刻，這是他和他的朋友於十日的陰雨連綿中，住在廟宇裡寫出來的，一共有三十三則，每則的結尾都有「不亦快哉」的感嘆。在這些快樂時刻中，可以說是精神和感官緊密聯繫在一起的。下面選錄幾則：

其一：夏七月，赤日經天，既無風，亦無雲；前庭赫然如烘爐，無一鳥敢來飛。汗出遍身，縱橫成渠。置飯於前，不可得吃。呼簟欲臥地上，則地溼如膏，蒼蠅又來緣頸附鼻，驅之不去。正莫可如

何，忽然天黑如車軸，澎湃之聲，如數百萬金鼓，簷溜浩於瀑布。身汗頓收，地燥如掃，蒼蠅盡去，飯便得吃。不亦快哉！

其一：空齋獨坐，正思夜來床頭鼠耗可惱，不知其戛戛者是損我何器，嗤嗤者是裂我何書。心中困惑，其理莫措，忽見一猨貓，注目搖尾，似有所睹，斂聲屏息，少復得之。則疾起如風，桎然一聲，而此物竟去矣。不亦快哉！

其一：街行見兩漢執爭一理，皆目裂頸赤，如不共戴天，而又高拱手，低曲腰，滿口仍用「者也之乎」等字。其語刺刺，勢將連年不休。忽有壯夫掉臂行來，振威從中一喝而解，不亦快哉！

其一：子弟背書爛熟，如瓶中泄水，不亦快哉！

其一：飯後無事，入市閒行，見有小物，戲復買之，買亦成矣，所差者甚少，而市兒苦爭，必不相饒。便掏袖中一件，其輕重與前直相上下者，擲而與之。市兒忽改容，拱手連稱不敢。不亦快哉！

其一：朝眼初覺，似聞家人嘆息之聲，言某人夜來已死，急呼而訊之，正是一城中第一絕有心計人。不亦快哉！

其一：重陰匝月，如醉如病，朝眼不起。忽聞眾鳥盡作弄晴之聲，急引手篝帷，推窗視之，日光晶瑩，林木如洗。不亦快哉！

其一：久欲為比丘，苦不得公然吃肉。若許為比丘，又得公然吃肉，則夏月以熱湯快刀，淨割頭髮。不亦快哉！

其一：存得三四癩瘡於私處，時呼熱湯關門澡之。不亦快哉！

其一：坐小船，遇利風，苦不得張帆，一快其心。忽逢疾行如風。試伸挽鉤，聊復挽之，不意挽之便著，因取纜纜其尾，口中高吟老杜「青惜峰巒，共知橘柚」之句，極大笑樂。不亦快哉！

其一：冬夜飲酒，轉復寒甚，推窗試看，雪大如手，已積三四寸矣。不亦快哉！

其一：久客得歸，望見郭門，兩岸童婦，揮臂作故鄉之聲。不亦快哉！

其一：推紙窗放蜂出去，不亦快哉！

其一：作縣官，每日打鼓退堂時，不亦快哉！

其一：看人風箏斷，不亦快哉！

其一：看野燒，不亦快哉！

其一：還債畢，不亦快哉！

世界上從來不缺少美，只缺少發現美的眼及品味快樂的心。幸福也是一種美，要看你發現的能力。看完金聖歎的「不亦快哉」，我現在也感到了「快哉」。看來，「快哉」其實無處不在。

最後，再來「八卦」一下金聖歎的臨終軼事。順治十八年（1661），清世祖亡。趁巡撫朱國治等官員弔喪之機，金聖歎與當地百餘士人鳴鐘擊鼓，在文廟哭訴吳縣知縣亂攤派賦稅、亂罰款的劣跡。這位貪官把裂開的大毛竹泡在尿裡，用來痛打拖欠稅的人，曾當場打死過人。他還監守自盜，盜賣倉庫的糧米。

官官相護的羅網中，知縣不容易被告倒。這個行動反而令金聖歎背上了「大不敬」和「反叛」兩項死罪。是年，金聖歎五十四歲。在大牢中，他寫下遺書托獄卒帶給家人。獄卒拿了信交給知縣，知縣懷疑其中有重要的資訊，於是打開過目，只見上面寫道：「字付大兒看，鹽菜與黃豆同食，大有胡桃滋味。此法一傳，我無遺憾矣。」狠狠戲弄了知縣一番。一個時辰後，金聖歎被綁縛刑場斬決。據同時略晚的清代作家柳春浦《聊齋續編》卷四記載：金聖歎臨終前飲酒自若，且飲且言日「割頭痛事也，飲酒快事也，割頭而先飲酒，痛快！痛快！」等劊子手刀起頭落，從金聖歎耳朵裡竟然滾出兩個紙團。劊子手疑惑打開一看：一個是「好」字，另一個是「疼」字。

如李叔同般享受

李叔同（1880 至 1942），也就是後來的弘一法師。年輕人可能不知此人是誰，但你若是會唱那首膾炙人口的〈送別〉，「長亭外，古道邊，芳草碧連天……」便可知這首大名鼎鼎的〈送別〉就是李叔同先生的傑作。李叔同是一個傳奇，他集詩、詞、書畫、金石、音樂、戲劇、文學、哲學於一身，是這些領域裡的佼佼者。

李叔同在 38 歲那年，從風光八面的文化名流轉而皈依佛門，成為弘一法師。從世俗的富貴絢麗歸於脫俗的清貧平淡，弘一法師沒有絲毫「吃苦」的流露。夏丏尊先生在一篇題為〈生活的藝術〉的散文中，記載了他與弘一法師（李叔同）的一段交往，文章不長，內涵卻意味深長。現摘錄如下：

因為某種因緣，和方外友弘一和尚（在家時姓李，字叔同）聚居了好幾日。和尚未出家時，曾是國內藝術界的先輩，披剃以後，專心念佛，見人也勸念佛，不必說，藝術上的事是不談起了。可是我在這幾日的觀察中，卻深深受到了藝術的刺激。

他這次從溫州來寧波，原預備到了南京再往安徽九華山去的。因為交通有阻，就在寧波暫止，掛褡於七塔寺。我得知就去看望他。雲水堂中住著四五十個游方僧。鋪有兩層，是統艙式的，他住在下層，見了我笑容招呼，和我在廊下板凳上坐了，說：「到寧波三日了。前兩日是住在某某旅館（小旅館）裡的。」

「那家旅館不怎樣吧。」我說。

「很好！臭蟲也不多，不過才兩三隻。主人待我非常客氣呢！」

他又和我說了些輪船統艙中茶房怎樣待他和善，在此地掛褡怎樣舒服等等的話。

我憫然了。繼而邀他明日同往白馬湖去小住幾日，他初說再看機

會，但我堅持，他也就欣然答應。行李簡單，鋪蓋竟是用破席子包的。到了白馬湖後，在春社裡替他打掃了房間，他將席珍重地鋪在床上，攤開了被，再把衣服卷了幾件作枕，拿出黑且破爛不堪的毛巾走到湖邊洗臉。

「這手巾太破了，替你換一條好嗎？」我忍不住了。

「哪裡！還好用的，和新的也差不多。」他把那破手巾鄭重張開來給我看，表示還不破舊。

他是過午不食的。第二日未到午，我送了飯和兩碗素菜去（他堅說只要一碗的，我勉強再加了一碗）。碗裡所有的原只是些萊菔白菜之類，可是對他來說卻幾乎是盛饌，滿懷喜悅地把飯吃進嘴裡，鄭重用筷夾起一塊萊菔，那種了不得的神情，我幾乎要流下歡喜慚愧之淚！

第二日，有另一位朋友送了四樣菜來齋他，我也同席。其中有一碗鹹得非常的，我說：「這太鹹了！」

「好的！鹹的也有鹹的滋味，挺好的！」

對他來說，世間竟沒有不好的東西，一切都好，小旅館好，統艙好，掛褡好，破的席子好，破舊的手巾好，白菜好，萊菔好，鹹苦的蔬菜好，跑路好，什麼都有味，什麼都了不得。

這是何等的風光啊！宗教上的話且不說，瑣屑的日常生活到此境界，不是所謂生活的藝術化了嗎？人家說他在受苦，我卻要說他是享樂。當見他吃萊菔白菜時那種愉悅的光景，我想：萊菔白菜的全滋味、真滋味，恐怕要屬他才能如實嘗得了。對於一切事物，不為因襲的成見所縛，都還他一個本來面目，如實觀照領略，這才是真解脫，真享樂。

也許，要凡人如你我等完全做到「跳出三界外、不在五行中」不太現實，如李叔同般皈依佛門我們更難以學習，但他對於世俗中所謂的「苦」的達觀與享受，卻是非常值得我們學習。

第二章
別讓成功成為負累

現在幾乎是一個膜拜「成功」的時代。書店裡、電視中、報紙上，到處充斥著對於成功者的禮讚與崇拜。女歌手走中性化路線，在節目中一戰成名：演員堅守本色，在千百個演員中不放棄，終於脫穎而出……

要成功，他們能成功，我們一定也能。不少人像著了魔似的念叨著：「我一定要成功、我一定能成功！」各種成功學也應運而生、推波助瀾：開發潛能、增強自信、拓展人脈、注重細節、提高口才、主動推銷、持續充電……我們用盡了所有的方法和詞彙，來表達迫切成功的心情。

追求成功並沒有什麼錯，人活一世，就應該努力實現自己的最大價值。只是。當催你衝向成功的鼓在你耳邊響起，你是否想過應該對自己問上一句：什麼叫成功？── 有錢？有權？有名？還是什麼？

是誰斷定了沒有很多錢，沒有權力的人生就是沒有價值的人生？很多錢又是多少錢？大權又是多大的權力？成功的定義一旦被物化，我們就很容易成為成功的奴隸。眼裡只有所謂「成功」的人，最容易不計成本、不計後果地付出。結果，在追求成功的路上，他們會主動摒棄幸福；在獲得「成功」後，他又會發現：自己與幸福越來越遠……

以賺錢為目的的人，正不知不覺地把他們的生命和靈魂賣給富人或者代表金錢的組合體。

── 泰戈爾（Rabindranath Tagore）

誰若把金錢看得比榮譽還貴重，他便會從高貴降至低賤。

── 昂蘇爾・瑪阿里

工作是一種樂趣時，生活是一種享受！工作是一種義務時，生活則是一種苦役。

── 高爾基（Maxim Gorky）

財富和地位都是外在的東西，它不能凌駕於一切之上。

—— 麥克

財富是位勤快的僕人，又是位刻薄的主婦。

—— 培根（Francis Bacon）

有一種負累叫成功

讓珊珊永遠也忘不了的，是她上三年級時學校排戲時，她被選定扮演劇中的公主。接連幾週，媽媽都煞費苦心地跟她一起練習臺詞。可是無論她在家裡表現得多麼自如，一站到舞臺上，她頭腦裡的詞句全都無影無蹤了。

最後老師只好叫珊珊靠邊站。她解釋說，她為這齣戲補寫了一個旁白者的角色，請她調換一下角色。雖然她的話親切婉轉，但還是深深刺痛了珊珊 —— 尤其是看到原先由自己扮演的角色讓給另一個女孩的時候。

那天回家吃完午飯後，珊珊沒把發生的事情告訴媽媽，不過細心的媽媽卻察覺到了她的不安，沒有再提議練臺詞，而是問她是否想到院子裡走走。

那是一個明媚的春日，棚架上的薔薇正泛出亮麗的新綠。珊珊瞥見媽媽在一株蒲公英前彎下腰。「我想我得把這些雜草統統拔掉。」媽媽說著，用力將它連根拔起，「從現在起，我們這庭園裡就只有薔薇了。」

「可是我喜歡蒲公英，」珊珊抗議說，「所有花都是美麗的，哪怕是蒲公英！」

媽媽表情嚴肅看著她，「對呀，每一朵花都以自己的風姿給人愉悅，不是嗎？」

珊珊點點頭，高興自己戰勝了媽媽。

「對人來說也是如此。」媽媽又補充道，「不可能人人都當公主，但那並不值得羞愧。」

珊珊想媽媽猜到了自己的痛苦，她一邊告訴媽媽發生了什麼事，一邊失聲哭泣起來。媽媽聽後釋然一笑：「但是，你將成為一個出色的旁白者。」媽媽說，並提醒珊珊自己是如何愛聽她朗讀故事。「旁白者的角色跟公主的角色一樣重要。」

一定要站在舞臺的中央，一定要在鎂光燈的聚焦中，才算一個「成功人士」嗎？世界的舞臺很大，中心的位置卻很小，大多數人任憑怎麼擠破腦袋也擠不進去，不甘心、不服氣、不平衡……種種負面情緒如雜草般從心中長出，想不開，放不下，因此焦慮不堪、痛苦異常。

這些焦慮不堪的人，缺少的就是一種對「平凡」的承認與尊重。他們不能忍受平凡的工作，他們以為做人就應該活得光光彩彩、轟轟烈烈，卻不知道，平凡中孕育著偉大，偉大存在於平凡之中。

錢、權、名聲是財富，快樂與身心健康同樣是財富，而世俗的成功，往往過於注重前者而忽略了後者。我們為世俗的成功付出太多了，足可以列出一個長長的清單：精力、體力、時間、健康、親情甚至愛情……

有多少與我們生活中有關幸福的元素，在「成功」的藉口中被我們忽視、漠視、摒棄。《史記》中云：「利令智昏」，一個人為了「利」，最容易喪失自己的理智而做出蠢事，把自己推進泥潭。而世俗的成功，無一不與「利」有關，就這樣，所謂的「成功」變質成了一味毒藥毒害幸福，而我們卻欲罷不能。

帶有黃金的鳥不能自由飛翔，物質化的成功最容易成心靈的負累。我們應該拒絕的是平庸，卻應當允許自己平凡。擁有一顆平常心，我們就可以看清很多人和事的本來面目，使我們不再急功近利，不再憂心忡忡，這樣做起事來必然沉得住氣，耐得住心，有條不紊地一步一個腳

印，這反而更容易走向成功。

當然，這裡所說的平常心，並非是拒絕成長，拒絕雄心。過分地淡泊名利、克制欲望並不值得提倡。《菜根譚》中有云：「淡泊是高風，太枯則無以濟人利物。」大意是說，把功名利祿都看得淡本是一種高尚的情操，但是過分清心寡欲而冷漠，對社會大眾也就不會有什麼貢獻了。可以這樣說，人類正是因為有了雄心壯志，才學會直立行走，才從昔日的刀耕火種發展到今天。

那麼，如何做到既有雄心又不被這種雄心所累？——「以出世的態度做人，以入世的態度做事。」這句話是從著名的美學家朱光潛的一篇文章中提出來的。朱光潛在一篇文章中提到了兩種人生態度：「絕世而不絕我」和「絕我而不絕世」。他指出理想的人生態度應是「以出世的精神做人世的事業」。朱先生的文章寫於 80 多年前，但歷史的灰塵終掩蓋不住其深邃的思想。

人生之旅，難免坎坷重重，這時我們要以超然的態度去對待，這就是所謂的出世。生而為人，要做事謀生，主動用有限的人生去造就更大的輝煌，這就是所謂的入世。出世與入世的態度聚於一身，看似矛盾，其實卻是一種矛盾的統一，是一種互補，一種和諧的關係。「以出世的態度做人」主要指的是人的心態，是一種做事之外的超然的態度。「以入世的態度做事」是指人的行動。二者不可偏頗，更不能顛倒。

到底什麼才叫成功

小男孩阿里參加跑步比賽，得了第一名。當老師和同學們欣喜若狂迎上來祝賀阿里時，阿裡居然難過得流下了眼淚。是的，他的眼淚是難過的眼淚，而不是欣喜的眼淚，因為阿里只想得第三名。

而阿里之所以只想得第三名，是因為第三名的獎品是他夢寐以求的東西 —— 一雙很普通的鞋子。阿里想把這雙鞋子送給妹妹，好讓妹妹

每天可以穿著它，不用再光著腳上學。

但阿里還是沒有獲得第三名。他因為被別人推倒在地，情急之下爬起來就往前衝，卻不小心第一個衝過了終點。

阿里坐在地上難過痛哭。儘管他的第一名很光彩，獎品也比第三名更豐厚，但他沒有幫妹妹贏得一雙鞋子。不僅他的妹妹沒有鞋子，阿里自己僅有的一雙鞋子也在比賽中跑壞了。

這是伊朗電影《天堂的孩子》裡的故事。看到這裡，真是讓人心裡五味雜陳。小阿里的夢想很簡單，僅僅是想得到一雙普通的鞋子。實現這個夢想對於他來說並不難，但不幸他跑得太快。儘管他得到的貌似更多，但他並沒有成功的感覺，因為他得到的不是他所需要的。

現實生活中有多少人，在人生的跑道上獲得了他所不願得到的獎品，他們或許並沒有被別人推倒在地而慌不擇路，他們只是被「第一名」所迷惑了眼睛。

很多人都在為成功奮力奔跑，卻鮮有人仔細考慮過什麼叫成功。到底什麼叫「成功」呢？在《羊皮卷》裡對於成功是這樣說的：成功有兩種，一種是別人認為你成功，另一種是你自己認為自己成功。那麼哪一種最重要呢？我想單純作為一個問題來問的話，所有的人都會回答是「自己認為自己成功」最重要。遺憾的是，真正能這樣想並這樣做的人並不多。

既然生活在社會中，很容易被外界的誘惑干擾自己的心靈。我們常常可以看到一類人，他們總是跟著潮流走。看見「海歸」光鮮，就考托福；看見商人顯赫，就下海經商……忙忙碌碌，其實並沒有想自己究竟想要得到的是什麼？

結果，費盡力氣得來的「成功」，捧在手裡卻發覺並不是自己所需要的，那將是一種多麼大的失敗！

只為幸福設計成功

　　我的一個同學，他高中畢業後就在小鎮裡頂替退休父親的職位，一名送信送報的郵遞員，臨時工的身分，領著三萬左右的月薪。而我卻遠赴異地打拚，忽而南下、忽而北上，把日子過得忙碌而緊張。我在看似波瀾壯闊中描畫著自己前程的圖畫，他卻在平靜如水的平淡生活中享受著他的寧靜與安逸。

　　每次回老家，我都能看見他騎著單車慢悠悠在鎮子裡穿梭，口裡吹著輕快的口哨。他娶了一個從各方面看都很平常的妻子，有一個可愛的女兒。他的日子千篇一律、乏善可陳。我曾經一度不屑於他的平淡，甚至認為他沒有出息。後來我才慢慢明白，他其實是一個很成功的人。儘管他的身上沒有貼著「錢、權、名」的「成功」標籤，但他得到了他想要的生活。他想要的就是這種平淡的生活，他得到了自己所想要的並享受著自己的得到，所以他是一個成功的人。

　　人不是因為有了成功而幸福，而是因為感覺幸福才覺得成功。當很多人被成功的「榜樣」和勵志的「導師」蠱惑著踏上追求「成功」的征途時，是否想到過為自己的幸福感而設計過人生？

　　報紙上，有一則題為〈香港導演小余隱居重慶小鎮9年賣麵條〉的新聞。小余原是的知名導演、獨立製片人，卻隱居在一個偏遠小鎮賣麵。他說自己在演藝圈摸爬滾打三十多年，輝煌過後只有一個感覺── 累。累過之後，他開始思考什麼是幸福，開始懵懵懂懂尋找幸福。最後，他發現，幸福，其實就是平凡、簡單和自然。以下摘錄新聞中的幾段，讓我們也來體會一下小余的幸福──

　　第一次走進田間地頭，小余覺得到處都覺得稀奇：「老婆，茄子居然不是長在土裡的；米原來是長在水裡的……」三年前，一隻流浪小狗跑到麵館前，小余收留了它，取名「Lucky（好運）」── 這是小鎮上

唯一一隻用英文命名的小狗。每天，小余走到哪，Lucky 就跟到哪。

早上，小余起床後的第一件事，就是到樓下的葛藤樹下打拳：「每次我都感覺周圍的樹和空氣在跟著我動。」當導演時，為拍好動作片，他專程找了一位形意拳大師，學了些真功夫。現在，這點皮毛功夫竟讓他成為這個小鎮的「武林高手」。

繪畫、寫作和下象棋，是他閒時最大的愛好。「我作畫，老婆在一旁看，幸福其實很簡單。」

窗戶對面有座小山，每天，夫妻倆都要提著幾個塑膠桶，爬上山頂，那裡有一股泉眼。「她挑，我背，一路幸福……」小鎮有自來水，但他們不喝，用山泉泡普洱茶，是小余的最愛。「我以前有胃病，現在基本好了。」他將功勞全歸於泉水。

這樣悠閒過了一段時間，其妻提出開家小麵館。「我們不缺錢，但得有事做，這樣會更充實些。」他們買下一個門面，開始賣小麵，每月可賺四萬多。

誰敢說知名導演小余的「潦倒」不是一種成功？

所以從現在開始，少談些成功，多思考些幸福。就像那個吹著口哨的郵遞員，或賣麵條的小余。他感覺很幸福。感覺幸福，就是最真實的成功！

幸福沒有永遠不變的標準，沒有誰能說清楚有了多少錢、有了多少權才算是得到了幸福，更沒有人能說清楚有多少親人、有多少兒女、有多少朋友算是得到了幸福，也沒有人能說清楚擁有多少感情才算是得到了幸福……幸福是純粹的個人感受，它永遠沒有統一的標準。但它又並非遠不可及、高不可攀，它是那麼尋常、那麼平易近人。每個人都可以得到幸福，只要你心中有幸福的種子。

也許，只有狠下心來，和世俗的成功說拜拜，我們才能心平氣和地去經營心中那塊荒蕪已久的幸福田園，讓幸福之花徹底綻放！

傳說中的成功人士

　　傳說中的成功人士，錦衣玉食不必多談，香車寶馬應有盡有，擁香攬玉快活似仙。事情真的是這樣嗎？

　　在萊茵河畔，一位青年正垂頭喪氣來回走動著，他心煩意亂，真想跑進河裡一死了之。正在這時，一位牧師經過他的身邊，停下來問道：「小夥子，你有心事嗎？」

　　青年深深嘆了口氣說：「我叫萊恩，但上帝從來沒給我帶來恩賜，我年近三十，仍然一事無成，一文不名，家裡還有個叫人看了就彆扭的黃臉婆，這樣的日子我真受夠了。」牧師聽了微笑著問道：「萊恩先生，那麼你的理想是什麼呢？說出來，看看我能不能幫你實現。」萊恩說：「我曾經有三個理想，做像懷特那樣的超級大富豪，做像斯皮爾那樣的高官，如果這兩個不能實現，那麼我想娶布雷絲那樣的漂亮女人做妻子。」牧師笑著說：「萊恩，這很容易，你跟我來吧！」說罷，轉身就走。青年大喜過望，緊跟其後。

　　牧師先領著萊恩來到世界超級富翁懷特的豪宅。這位富翁因為不惜犧牲自己的健康追求財富，最終病倒了，此時正躺在床上大聲地咳嗽，臉色蠟黃，面前的金盆裡是他剛吐過的帶血絲的痰。萊恩看了十分噁心，不由轉過身子。牧師對萊恩說：「我們再去拜訪一下議長斯皮爾吧！」

　　兩人又來到斯皮爾的官邸，只見他身邊圍著幾個人，顯然是保鏢。斯皮爾吃飯，保鏢先嘗；斯皮爾睡覺，保鏢都瞪大了眼睛盯著他；就是斯皮爾上廁所，他們也在馬桶旁蹲著。政敵很多，稍不注意就要慘遭黑手。萊恩嘆了口氣，失望說：「那他和蹲監獄有什麼兩樣？」牧師無奈搖搖頭說：「我們再去看看當代最紅、最性感的女明星布蕾絲吧。」說著，他領著萊恩來到了布蕾絲的家裡。

　　布蕾絲正對傭人發脾氣，她甚至拿起手裡燃著的煙頭朝傭人身上燙，傭人的皮膚很快就起水泡。布蕾絲折磨完傭人，要回房睡覺了，這時一個女傭走進來對她說：「小姐，伯格先生求見。」布蕾絲眼皮抬也不抬地吩咐道：「叫他給我滾出去，我已經和他離婚了，和他什麼關係也沒有了。」傭人小心答應著要退出去，布蕾絲又說：「順便帶個信給他，明天我就要和我的第 12 任丈夫結婚了，他有興趣的話，可以來參加我們的婚禮。」說完，「啪」的一聲關上了房門。萊恩看得目瞪口呆。

　　從布蕾絲家出來後，牧師問萊恩：「小夥子，三個理想，你隨便挑一個，我都可以幫你實現。」萊恩想了一會兒，說：「不，牧師，其實我什麼也不缺，與懷特先生相比，我有著他用所有金錢都買不來的健康；與斯皮爾先生相比，我有他沒有的自由；至於布蕾絲嘛，我老婆可比她賢淑善良多了⋯⋯」牧師滿意伸出手來和萊恩相握，萊恩滿臉笑意，一抹溫暖的陽光灑在他的身上。

　　如果說以上的故事還不足以說明所謂的「成功」與幸福無關的話，那麼我們只要看曾經一度在「成功」舞臺上大放異彩的人士，有多少死於自殺就知道「成功」與「幸福」的無關了。影星、歌星、企業家、高官⋯⋯他們自殺的新聞還少嗎？他們在世人的眼裡可都是成功人士呀！但毫無疑問，他們並沒有因為成功而幸福，否則他們的自殺也就無法解釋了。

　　儘管瑪麗蓮・夢露已經去世 40 多年了，但一提起她的大名，在全球至今仍是婦孺皆知。1962 年 8 月，36 歲的夢露離開了人世。夢露之死震驚全球，官方結論是「因不堪忍受演藝圈的壓力而自殺身亡」。民間的版本還有他殺說和猝死說，但不論是哪種版本更接近真相，夢露這個在孤兒院長大的女人，並沒有因為成名而過上幸福的日子。夢露的閨中好友曾這樣回憶她──

　　有一次夢露和她去海邊度假，在起床時，因看到夢露在窗前看日出

的美妙身影，她情不自禁地說：「我願意犧牲一切變成你。」夢露轉過身，惶恐地說：「不，不，我願意犧牲一切變成你。」

一直以為，只要我們成功就幸福了，而在沒有成功之前，所有的汗水與淚水，都是為了成功那天的歡樂而必須付出的代價。而真的等我們在歷經千辛萬苦到達成功彼岸時，我們還能抓到幸福的臂膀嗎？

看看，連聲名顯赫、日進斗金、擁有美麗的夢露，也有她難以應付的哀愁與煩惱。當然，編者列舉了種種成功人士的煩惱甚至不幸，並不是想證明「成功」是不幸的製造商，而是想指出「成功」不一定都能夠帶來幸福。家家有本難念的經，不要指望世俗的「成功」能給你帶來幸福，幫你解決一切煩惱。沒有世俗的「成功」，你照樣可以幸福。

莫讓金錢主宰心情

退休了的拉齊奧在鄉間買下一座宅院，打算安度晚年。不幸的是，在這宅院的庭院裡，有一株果實累累的大蘋果樹。鄰近的頑童，幾乎是夜以繼日來拜訪這株蘋果樹，順手帶來的禮物則不外乎是石頭或棍棒。

想要安靜的拉齊奧，常在玻璃被擊破或不堪喧鬧之擾時，走到庭院中驅趕樹上或園中的頑童，而頑童回報拉齊奧的，則是無數的嘲弄及辱罵。

拉齊奧在不堪其擾之餘，想出一條妙計。

有一天，當他如往常一樣，面對滿園的頑童時，他告訴孩子們，從明天起，他歡迎頑童們來玩，同時在他們要離去前，還可以到屋子裡向拉齊奧領取 1 美元的零用錢。

孩子們大樂，如往常一樣砸蘋果，戲弄拉齊奧，同時又多了一筆小小的零用錢收入，天天來園中玩得樂不思蜀。

一個星期過去後，拉齊奧告訴孩子們，以後每天只有 0.5 美元的零用錢，頑童們雖然有些不悅，但仍能接受，還是每天都來玩耍。

又過了一個星期，拉齊奧將零用錢改成每天只有 0.1 美元。

孩子們憤憤不平，群起抗議：「哪有這種工作，錢越領越少，我們不幹了，以後再也不來了。」

從此拉齊奧的庭院恢復了往日的幽靜，蘋果樹依然果實累累，不再遭受摧殘。

同樣是惡作劇，在沒有任何酬勞時，小孩子們一個個玩得興高采烈。而一旦涉及報酬，小孩們的心裡就發生了微妙變化：從「我要做」到「要我做」。於是，在報酬由多變少之後，孩子們終於不願意「幫別人做事」了。故事中的老人，真是一個深知人性的大師。

人一掉進錢眼裡，就會喪失原本的爽朗心情。其實，錢並非萬能（當然沒有錢萬萬不能）。

下面是網上流傳很廣的一些箴言，摘錄下來與大家一起分享：

錢可以買到「房屋」，但買不到「家」；

錢可以買到「性」，但買不到「愛情」；

錢可以買到「藥物」，但買不到「健康」；

錢可以買到「美食」，但買不到「食欲」；

錢可以買到「床」，但買不到「睡眠」；

錢可以買到「珍貴首飾」，但買不到「美」；

錢可以買到「娛樂」，但買不到「快樂」；

錢可以買到「夥伴」，但買不到「朋友」；

錢可以買到「書籍」，但買不到「文化」；

錢可以買到「服從」，但買不到「忠誠」。

看了以上對於「錢」的認識與感悟，讀者朋友，你能否對「錢」想開一點，放下一些？

攀比是一味劇毒藥

當很多人都住在茅草房中時，一個有瓦房的人「很成功」。而當大家都住上小洋樓時，那一棟瓦房就沒有了「成功」的感覺。這說明所謂的「成功」，在一定程度上是來自於比較，是與周遭人之間的比較。比大多數人要有錢，或有權有名聲，那就是成功；反之，則不成功。

適度的比較或許無害，並且對於激發自己的幹勁也有益。但過度的比較，則有害無益了。山外有山，天外有天，強中更有強中手，一味地比啊比，何時才有盡頭？

有意思的是，不少人很少拿自己的「強」去比較別人的「弱」，卻總是喜歡眼高手低，互相攀比。所謂「攀比」，不是指一般的比較，而是「攀」住別人某一點去比較，是拿自己的「無」與別人的「有」、自己的「不足」和別人的「足」相比。人歷來有喜歡攀比的習慣。在同學聚會上，女同學甲和女同學乙都各自為了面子，說自己的老公如何會賺錢又對自己好。各自回家，甲會對自己的老公說：唉，乙長得那麼寒磣，怎麼就命那麼好，找了一個對她好得不得了的老公。乙回到家，對自己的老公說：甲上學時成績平平，看不出有什麼能耐，居然找了一個完美男人做老公！

儘管這個小故事是虛構的，但有誰會懷疑其真實性？不久前，一家報紙刊登了一篇題為〈年輕上班族「施暴」指數增高〉的文章，其中寫道：「春節期間的聚會，讓人們有了相互攀比的機會。一些人在聚會時發現不少朋友生活得比自己輕鬆，錢比自己賺得多，職位比自己高，於是他們感到失落、不平衡，甚至是憤怒，家庭自然成了他們發洩情緒、借題發揮的場所。」報導還稱：「相關工作人員說，春節是家庭暴力的高發期，今年的『問題人群』出現新變化——年輕上班族增多」。你看，就春節聚會頻繁一點，人就因為攀比心理而抓狂了。俗話說：人比

人，氣死人，現在倒好，還打「死」人了。

人與人之間總是存在差距的，一味攀比只會讓自己陷入無邊的痛苦之中。有的人總是喜歡與周圍的人比，他買了房子，我卻租房住。有那麼一天自己也買了房子，又發現別人的房子比自己寬敞；還與周圍的某某比，他家的經濟收入比我家多，他的工作單位好，崗位好、薪水高等。瞪大了眼珠子死盯著別人，拿自己的次、少，去比別人的好、多，心裡總不願讓別人比自己強，還總想著為什麼我就不能比他們地位高、收入多、住房大……這種人活著才真叫累，處心積慮想要事事比別人的好，絞盡了腦汁，費盡了心機，又傷腦，又煩心，結果還是難以如意。

有則小故事，說的是癩蛤蟆看見牡牛走近來吃草，下定決心要盡最大的力量來鬥過牡牛的龐大。

這只生性愛嫉妒的癩蛤蟆開始用勁鼓著氣，脹起肚子。

「喂，親愛的青蛙，告訴我，我跟牡牛一樣大嗎？」牠問同類。

同類老老實實回答：「不，親愛的，差得遠！」

「你再瞧瞧，瞧得仔細點，說得明白點。現在怎麼樣？我現在鼓得夠大的了吧！」癩蛤蟆又問。

同伴說：「我看還是差了不少。」

「那麼 —— 現在呢？」

「跟先前一模一樣啊。」

癩蛤蟆始終趕不上牡牛的龐大，但牠的狂妄企圖卻超過了上天賦予牠所能承受的極限，結果用力太猛，「啪」一聲脹破了肚皮而一命嗚呼。

不自量力的攀比，這個癩蛤蟆不是第一個，也不是最後一個。就像你我常見到的那樣，在我們的生活中總是有人不自覺充當著那隻不自量力的癩蛤蟆的角色。

攀比其實就是一味殘害心靈的毒品。一則山外有山，天外有天，一味攀比，永遠也沒有盡頭。比錢多，你能比過比爾蓋茲（William Henry

Gates）？就算你比過了他，還有比他有權的呢？你怎麼比？難道要成為無所不能的上帝？二則尺有所短，寸有所長。或許在你羨慕別人有錢的時候，別人正在羨慕你的悠閒，羨慕你的家庭和睦呢？

不如坐下來喝杯茶

一個商人去海邊度假。太陽剛升起不久，商人在碼頭上看到漁夫划著一艘小船靠岸，小船上有好幾尾大黃鰭鮪魚。這個商人好奇問漁夫什麼時候出海的，漁夫回答：天剛亮的時候。

商人原本以為漁夫是一個歸來的夜漁人，聽到漁夫的回答後，更加好奇了。他看了看錶，問說：「你才出海兩個小時，為什麼工作時間不長點，好多捕一些魚？」漁夫回答：「這些魚已經足夠我一家人生活所需啦！」商人又問：「那麼你一天剩下那麼多時間都在做什麼？」

漁夫說：「我要做的事情可多了，要和村頭的老張他們打麻將，要跟自家孩子們玩一玩，中午還要睡個午覺，傍晚要和老魯喝點小酒，我很忙呢！」

在漁夫眼裡，連睡覺、玩都是事情了。商人聽了，不以為然。商人說：「我是一個成功的商人，我建議你每天多花一些時間去捕魚，到時候你就有錢去買條大一點的船。自然就可以捕更多魚，再買更多的漁船，然後你就可以擁有一個漁船隊。到時候你就不必把魚賣給魚販子，而是直接賣給加工廠，或者你可以自己開一家罐頭工廠。如此你就可以控制整個生產、加工處理和銷售。然後你可以離開這個小漁村，搬到大城市，在那裡經營你不斷擴大的企業。」

漁夫問：「這要花多少時間呢？」

商人回答：「十五到二十年。」

漁夫問：「然後呢？」

商人大笑著說：「然後你就可以好好休息啦！」

漁夫追問：「然後呢？」

商人說：「到那個時候你就可以退休了！你可以搬到海邊的小漁村去住。每天過著悠閒的日子。」

漁夫莫名其妙望著商人：「為什麼要費那麼多力氣？我還不如坐下來喝一杯茶。你看我現在，不正是過著你說的那種悠閒的日子嗎？」

其實，商人和漁夫的選擇，本身並沒有優劣之分，只有合適與否之別。靜下心來想一想，人們忙碌到底追求的是什麼呢？如果你追求的是一種波瀾壯闊的生活，你完全可以按照商人的建議去做；但如果你追求的是一種清淨淡泊的生活，為什麼要付出那麼多努力？

兩個人在街上一起發現了一本書，他們對這本書歸誰所有的問題爭吵起來。

第三個人偶然路過，問道：「你們誰識字？」

「我們都不會。」

「那麼，你們要這本書做什麼？你們的爭吵使我想起一個寓言：兩個禿子為了一把梳子而打起架來，可是他們頭上都沒有頭髮。」

靜下心來，想一想：忙碌的自己，究竟是在追求什麼？是不是也有點像那兩個打架的禿子，沒有頭髮卻想擁有一把梳子？

—— 如果像那兩個禿子一樣，還不如坐下來喝杯茶。

平凡工作也有意義

人們慣於以工作的性質來區分「成功」與否。才子賣豬肉的事，曾一度被人所譏諷。照人們的理解，才子再不怎麼樣，至少會有合適的工作，各校大學生當屠夫賣豬肉，實在是大煞風景。

其實，所有的正當合法的工作，都是神聖的，沒有高低貴賤之分。除非你自己看不起自己，沒有人能夠看不起你。

有一個愛丁堡的新牧師探訪會友，他來到一個補鞋匠的店鋪。

牧師高談闊論，補鞋匠對牧師的言語頗不以為然，適時插了幾句話。

牧師感到有點惱怒，譏諷地說：「你實在不應該修鞋了，憑你敏銳的反應，不應當從事這種低賤的工作。」

補鞋匠說：「先生，請收回你的話。」

「為什麼？」

「我絕不是從事低賤的工作，你看見旁邊那雙鞋子了嗎？」

「我看到了。」

「那是寡婦史密斯的兒子的鞋子。她丈夫在夏天去世，她也幾乎隨他死去，但她為兒子而活。她的兒子找到送報的差事，勉強維持家計。」

「然而壞天氣不久就要來臨，上帝問我說：『你願意為寡婦史密斯的兒子修補鞋子嗎？免得他在嚴冬感染肺炎而死。』我回答：『我願意。』」

「牧師先生，你在上帝的指引下傳道，而我卻在上帝的指引下為人補鞋。當我們都到了天堂時，我相信，你和我都會聽到相同的嘉許：『你這又忠心又善良的僕人……』」

相信人們依然會記得夏洛蒂・勃朗特（Charlotte Brontë）的長篇小說中那個平凡的女教師簡愛——一如平凡的我們。她所追求的就是人與人之間的平等。實際上是從事各種行業的人都應該有自我認同，如果對自我都不珍視，那我們還會珍視什麼？又能珍視什麼？

值得指出的是：我們說工作沒有高低貴賤之分，並不是鼓勵你沒有任何上進與追求。只是，你上進的動力不要定位在「我的工作太低賤」。如果以此為理由，你將可能永遠活在「低賤」的陰影之中，即使你獲得了夢寐以求的「高尚」工作，很快你就會發現還有更「高尚」的，而你仍然處在「卑賤、低微」中。

第二章　別讓成功成為負累

第三章
何處天空不下雨

羅君上班時，遇上一場突如其來的雨，被雨淋溼了衣服。出門時明明是晴朗的天氣，怎麼突然下雨了呢？羅君進了辦公室時，詛咒著「鬼天氣」。

剛詛咒完天氣，電話就響了。接起電話，是老客戶張先生的聲音。張先生向他諮詢某些產品的問題。因為心情不好，羅君隨便應付了幾句就掛了電話。

幾天之後，羅君得知他的老客戶張先生在其他公司購買了一批產品。仔細回想，才發現是自己淋雨的那天怠慢了客戶。羅君因此心情沮喪，下班回到家裡，因為一點瑣事把妻子斥責了一頓，弄得她哭哭啼啼地回娘家。不料，半路上妻子被車撞了，斷了三根肋骨進了醫院。

一場雨，使我遭受了這麼大的損失！都怪那個鬼天氣！不知道那個鬼天氣還會給我帶來什麼糟糕事情！——羅君跑去醫院的路上，這樣自言自語。

要我說，這些事情都與那場雨沒有關係。羅君不改變這種思維模式，那場「雨後綜合症」還會糾纏上他。

下雨就下雨，何處天空不下雨？天要下雨，人是沒有辦法的。只是，不要讓雨淋溼了靈魂就行了。因為一件不稱心的事，就讓它影響情緒，在這種負面情緒的支配之下，做出一系列的蠢事，進而使糟糕擴大，導致情緒更糟糕……如此循環，真是傻得可以！

讓靈魂撐一把傘，去遠行。這把傘，可以叫豁達、寬容、原諒、忘記，也可以……

不幸可以提供意想不到的可能，使人認識生活。

—— 亨利希・曼（Heinrich Mann）

樂觀是希望的明燈，它指引著你從危險峽谷步向坦途，使你得到新的生命、新的希望，支持著你的理想永不泯滅。

—— 達爾文（Charles Robert Darwin）

處於劣勢時，千萬不要悲觀放棄，因為劣勢常常是暫時的，可以與優勢互相轉化。

—— 布萊頓

接受你所不能改變的，改變你所不能接受的。

—— 佚名

想到自己的苦難別人也曾經遭受過，雖不能治癒痛楚，但能使它稍稍緩和。

—— 莎士比亞（William Shakespeare）

起居室裡的露營

這是風雨交加的一天，房屋在雷電的轟鳴聲中顫抖著。曉娟坐在硬木地板的中央，周圍散落著帳篷、睡袋、食品還有野餐用的爐子。看著屋外落滿樹葉的泥濘和大水窪，她想，不知道帳篷能否在水窪裡浮起來。

再過幾分鐘，楊帆應該來找她，然後他們要出發去露營了，這是他們相戀到結婚以來一年一度的「特別日子」。最近幾個星期他們難得見面，各自都忙於畢業論文和研究專案。除了作業，曉娟每週還要教兩節課，楊帆則為他的導師全職工作。共度二人美好時光的唯一辦法就是出門，遠離電話、電腦和榨乾他們所有時間的各種瑣碎。這次旅行既是相聚的機會，也是紀念結婚一週年的慶典。

「什麼運氣呀！」曉娟大聲說，「好不容易計劃好了，老天偏偏在我

們露營旅行的時候下雨。我們遭到詛咒了！」

門開了，楊帆腳穿溼透的旅行靴，身穿溼淋淋的衣服，落湯雞般出現在門口。他「撲通」一聲倒在攤開的睡袋上，問道：「誰被詛咒啦？當然不是我們——一對還在熱戀中的新婚夫婦，即將開始世界上最浪漫的露營旅行！」

曉娟疑惑地搖搖頭：「你不會真的想在這樣的天氣裡去露營吧？」

「毫無疑問！」

曉娟還沒有來得及反應，楊帆已經忙起來。他先拔掉了電話線和電腦電源，拉下窗簾，又用罩沙發的橙色毛毯蓋住電視。接著他在起居室的地板中央支起帳篷，然後從廚房拿出燒烤架，架在帳篷旁邊，並點燃蠟燭關了電燈。

「怎麼樣？」楊帆微笑著說，「你見過這麼好的露營地嗎？」他張開雙臂把曉娟擁在懷中，兩人審視著他們的「露營地」哈哈大笑，「從來沒有。」

晚上他們在燒烤架上烤了熱狗，在燭光下唱起了歌，然後鑽進了睡袋裡。當楊帆環住了曉娟的腰，曉娟說：「楊帆，在我們計劃如何過這個晚上的時候，我想像著我們會啜飲著香檳，看落日夕照。但是不知怎麼，我覺得現在的方式更有意義。我們不需要浪漫的日落，也不需要迷人的香檳，或者其他美麗的景致，我們只需要彼此，永遠。只要我們在一起，什麼難事都能解決。」

曉娟和楊帆剛剛慶祝了結婚一週年，他們的慶典一如他們的想像：一次浪漫的露營旅行——雖然就在他們自己的家裡。

就像我們在本章一開始所說的：何處天空不下雨呢？下雨不要緊，要緊的是你的靈魂不要因為下雨而淋溼、感冒。楊帆和曉娟，因為一場雨而不得不打亂計劃，一個浪漫溫馨的結婚紀念眼看就要被雨淋溼而泡湯。但他們因為心靈裡充滿陽光，而令這場雨化為一道亮麗的彩虹。

困境如草原之火

　　李哲垂頭喪氣走進一座廟裡，向大師傾訴他一生不幸的遭遇：「我經歷無數的失敗，早年求學時，沒有一次考試能夠順利過關；踏入社會，經營許多生意，皆是以負債收場；然後四處求職碰壁，就算有一份工作，也是沒能做多久，就被老闆開除；現在，連自己的老婆也忍受不了我，要求跟我離婚……」

　　大師問：「那麼，你現在想怎麼樣呢？」

　　李哲萬念俱灰地回答：「我此刻只想一死了之。」

　　大師：「你有沒有小孩？」

　　李哲：「有呀，那又怎麼樣？」

　　大師笑了笑：「還記得你是怎麼教你的小孩走路嗎？從他第一次雙手離開地面，顫顫巍巍地站起身來，是不是所有家人都會為他喝彩，為他鼓掌？」李哲似有所悟：「嗯……是的……」大師繼續道：「然後孩子很快又跌倒了，你是不是輕輕扶起他，告訴他『沒關係，再試試看，你會走得更好的！』」

　　李哲的語氣堅定了些：「對，我會幫他。」

　　大師：「孩子走走跌跌，經過無數次的練習，還是走得不穩。你會不會失去耐心，告訴他，最後再給你三次機會，如果再學不會走路，以後終生都不准再給我走路了，乾脆我買個電動椅給你。」

　　李哲：「不會，我會再幫助他、鼓勵他，因為我相信，孩子他一定能學會走路的！」

　　大師：「那就對了，你才跌倒過幾次，就想坐輪椅了？」

　　李哲抗議道：「可是，小孩子有人協助他，提攜他，而我……」

　　大師：「真正能幫助你、鼓勵你的人是誰，此刻你還不知道嗎？」

　　李哲想了想，朝大師重重點了點頭，昂首闊步地走了。

　　大部分人都忽略了這一點，山谷的最低點正是山的起點，許多跌落山谷的人之所以走不出來，正因為他們花太多時間自艾自憐，而忘了留點精力走出去。

　　對於人生，可以確定的是，每個人都曾遇到過令人難以應付、甚至感覺無從下手的困境，有些人會利用人生的困境使自己成長，也有些人會在困境中潦倒一生。決定兩者之間的差異是他們不同的看待人生的方式。

　　有一句義大利諺語：「即使水果成熟前，味道也是苦的。」苦澀的感覺是人們成長與內心掙扎必然的一部分，我們可能常常這樣自語：「為什麼是我呢？我已經夠努力了，但命運總是與我作對，這太不公平了。」誰沒有過這種感覺呢？然而，如果任由自己陷於怨恨與絕望，你就永遠無法成熟起來，成長亦無從發生。痛苦的境遇就像是撒落在自我田野上的肥料一樣，可以促進自我的成長。田野中的禾苗，就是因為施肥而能夠更茁壯生長。

　　我們並非一開始就發展得很完全。相反的，它是經過日常生活的競爭和挑戰之後才日臻完善的，就像一塊鐵在鐵匠的爐火中經過千錘百煉才能成形。

　　困境如火，燒過的草原，倔強的小草在來年春天會在灰燼中重生，並且因灰燼的滋養而更加茂盛。

食指：相信未來

　　人生有快樂，也有苦悶；有浪漫，也有憂傷。當你對世界充滿期待時，現實卻如殘忍嗜血的狗，把你的夢想啃得千瘡百孔，讓你失望，讓你消沉，甚至讓你絕望。面對現實和理想的矛盾，如何解決？

　　唐代「詩聖」李白，才高八斗卻在仕途上屢屢失意。在他人生最困頓的時候，他寫下了千古名篇〈行路難〉，裡面有一句膾炙人口的名

句：「長風破浪會有時，直掛雲帆濟滄海。」這句詩體現了作者相信未來，誓為理想而奮爭的雄心壯志。一位筆名叫食指的詩人也曾用同樣的信念與激情，寫下了〈相信未來〉的激情之作。

　　一場史無前例的浩劫席捲了中華大地──「文化大革命」開始並進入了高潮。瘋狂的時代，令食指陷入了極度的迷惘和失望之中。現實環境的惡劣和內心理想的劇烈衝突，使他有撕心裂肺之痛。但年輕、熱情、執著，又讓詩人掙扎著想擺脫現實的羈絆。他憧憬著美好的未來，在那段時間裡，寫下了許多堅毅感人的詩歌。其中，1968年所寫的〈相信未來〉，可謂其代表作。這種詩在烏雲密布的時代，給人們心靈上投下了一道希望之光。

　　下面，讓我們來看一下這首詩中堅定的信念──

相信未來
當蜘蛛網無情查封了我的爐臺
當灰爐的餘煙嘆息著貧困的悲哀
我依然固執鋪平失望的灰爐
用美麗的雪花寫下：相信未來
當我的紫葡萄化為深秋的露水
當我的鮮花依偎在別人的情懷
我依然固執地用凝霜的枯藤
在淒涼的大地上寫下：相信未來
我要用手指點住那湧向天邊的排浪
我要用手掌托住那升起太陽的大海
搖曳著的曙光照亮那支溫暖的筆桿
讓我用孩子般的筆體寫下：相信未來
我之所以堅定相信未來
是我相信未來人們的眼睛

她有撥開歷史風塵的睫毛

她有看透歲月篇章的瞳孔

不管人們對於我們腐爛的皮肉

那些迷途的惆悵、失敗的苦痛

是寄予感動的熱淚、深切的同情

還是給以輕蔑的微笑、辛辣的嘲諷

我堅信人們對於我們的脊骨

那無數次的探索、迷途、失敗和成功

一定會給予熱情、客觀、公正的評定

是的，我焦急等待著他們的評定

朋友，堅定地相信未來吧

相信不屈不撓的努力

相信戰勝死亡的年輕

相信未來、熱愛生命

　　關於這首詩，食指曾經說：「我已經看到這代人的命運了。魚兒跳出水面，落在冰塊上，它的前途是死，和這個冰塊一起消亡。但請相信我們會戰勝死亡，這已經進了一步了。我年輕，我能看到冰塊消亡的那一天。」

　　即使身處看不到明天的絕境，也不要喪失對未來的希望。儘管「蜘蛛網無情地查封了我的爐臺」，儘管「灰燼的餘煙嘆息著貧困悲哀」，讓我們依然用「美麗的雪花」、用「孩子的筆體」寫下「相信未來」。

　　人一旦相信未來，就會在一個更為寬廣的時間長度裡審視每一個苦難。縱是今日看似山一樣沉重是「絕望」，在時間的長河裡，終歸會成為一粒沙塵。如此，想法就不至於走進死路，心靈也不至於乾涸枯死。

沒有什麼大問題

失戀了，有人會說：「沒有什麼比現在更糟糕的了」；被炒魷魚了，有人會說：「沒有什麼比現在更糟糕的了」；甚至不慎丟失了一部手機，也會有人說：「沒有什麼比現在更糟糕的了」。事實真的是這樣嗎？

你現在不妨仔細想想，從小至今從你的口裡或心裡說過了多少次「沒有什麼比現在更糟糕」？

—— 兒童時失手打碎了鄰居家的花瓶，少年時考試未及格，年輕時和初戀愛人分手……這些類似的事情，在當時你的眼睛也許都是一件件糟糕透頂的事。你為此焦慮、悲傷，甚至痛不欲生。時過境遷，你還會認為那些事情「糟糕透頂」嗎？

5 歲那年的一天，我到一間無人住的破廟裡玩。當我爬到高高的窗臺掏鳥窩時，竟發現鳥窩中盤著一條吐著紅信子的蛇。我嚇得從窗臺上掉了下來，摔斷手臂，還失去了左手的一根小指。

我當時嚇呆了，以為這一輩子就這樣完了。但是後來身體痊癒，也就再沒為這事煩惱。現在，我幾乎從沒想到左手只有四根手指。

幾年前，我遇到一個修電梯的工人，他在事故中失去了左臂。我問他是否感到不便，他說：「只有在縫針的時候才感覺到。」

別以為我們只有在年少時才會把「芝麻大」的事當成天大的事情。成年人也經常會自我誇大失敗和失望，以為那些事都非常要緊，以至於每次都好像是生死的關頭。然而，許多年過去後，回頭一看，我們自己也會忍不住笑自己，為什麼當初竟把小事看得那麼重要呢？時間是治療挫折感的方式之一，只有學會面對困境，才能避免長時間的漫長而痛苦的恢復過程，並且能使這個過程變成一段享受的時光。

在一個寺廟裡，每天總會有幾個前來向禪師訴苦的人。他們不是怨嘆自己時運不濟，就是抱怨某人怎麼對不起他們。有位弟子便好奇地問

禪師：「為什麼這些人會有那麼多問題呢？」

「因為他們沒什麼大問題」。為了進一步釋疑，禪師講了一個故事——

有只狗坐在門廊前不斷呻吟，經過的路人就問門廊裡的人，這隻狗是怎麼回事，為什麼會這樣呢？

「因為它壓在自己腳趾上了。」那人回答。

「哦，那麼它為什麼不站起來呢？」路人再問。

「因為它還不覺得太痛。」

禪師接著說：「一個人會有那麼多抱怨，是因為他還有時間抱怨；一個人為小事煩惱，是因為他沒有更大的煩惱。試想，一個連飯都沒得吃的人，會去為了去哪家餐廳而煩惱嗎？」

「噢，」弟子心領神會地說，「原來如此，有那麼多問題的人，竟是因為他們還沒什麼大問題。」

當我們遭遇難題的時候，我們常會將它過於誇大，並將所有的精力和焦點都放在這個障礙上。想想看，我們的境遇真的有這麼糟嗎？我們只有在不是最糟時，才會有時間去抱怨訴苦，不是嗎？就算事情已經糟糕透頂，那表示情況只要努力去改變，就會變得更好，那又有什麼好自艾自憐的呢？

有趣的徵兵廣告

據說，美國曾經有一則這樣的徵兵廣告——

來當兵吧！當兵其實並不可怕。

入伍後會怎樣呢？無非有兩種可能：有戰爭或沒戰爭。沒戰爭有什麼可怕的？

有戰爭又怎樣呢？無非兩種可能：上前線或不上前線。不上前線

有什麼可怕的？

上前線又怎樣呢？無非兩種可能：受傷或不受傷。不受傷有什麼可怕的？

受傷後又怎樣呢？無非兩種可能：輕傷和重傷。輕傷有什麼可怕的？

重傷後又怎樣呢？無非兩種可能：治好和治不好。能治好有什麼可怕的？

治不好又怎樣呢？你根本就用不著害怕，因為你已經死了。

這個徵兵廣告很有趣，在網上甚至被很多人當成笑話或幽默在轉貼。如果你笑過之後，用心思考一下這個故事，我們就會發現其中的樂觀主義精神非常濃厚，其面對艱難的態度非常值得我們借鑑。

有位作家曾說了一個令人終生難忘的比喻：「人生如同以前的西部牛仔片。在酒吧裡，惡徒坐著飲酒，還有人在打架拚命，彈琴的人就在這混亂險惡的處境中照彈不誤。你得學會這琴師的本事，不管酒吧裡發生了什麼事，你還是彈你的。」

就像電影鐵達尼號（Titanic）上的樂師一樣，即便是船快沉了，他們還是一副「事不關己」的樣子，繼續冷靜演奏悅耳動聽的曲子。他們彷彿在問：「那又怎麼樣？」

是啊！那又怎麼樣？

「如果沒趕上這班車，今天鐵定會遲到。」

「那又怎麼樣？」

「那老闆的臉色就會很難看。」

「那又怎麼樣？」

「也許會找我麻煩，或在背後說我壞話。」

「那又怎麼樣？」

你可以這樣一直問下去。讓自己學會理性看待問題，了解有時候事

情並沒有你想的那麼糟。

有個住在海邊的人，自從一場千年不遇的海嘯襲來，奪走了同村的上百條人命後，他開始變得憂心忡忡、魂不守舍。

在很長的一段時間，他的朋友都為他擔心，卻不知如何勸他才好。

就這樣，又過了一段時日，有一天，他的一位友人發現他已恢復正常且神采奕奕，便好奇地問道：

「是什麼原因讓你突然改變呢？」

他回答說：「也沒有什麼，我只不過買了雙倍的人壽保險。」

作最壞的打算，作最好的準備。接受那不能改變的，改變那不能接受的。

試想，當你已作了最壞的打算，也作了最好的準備；那麼，剩下的還有什麼好擔心的呢？、

滑鐵盧的裁紙刀

一天，理奧教授來到在比利時首都布魯塞爾南郊的滑鐵盧鎮，參觀名叫獅子丘的名勝。獅子丘是為紀念 1815 年戰役而建的，英國威靈頓公爵（Duke of Wellington）指揮英國、普魯士聯軍，擊敗了拿破崙（Napoléon Bonaparte）率領的法國軍隊，徹底終結了拿破崙的政治生涯。此後拿破崙被放逐到比第一次流放更遙遠的南大西洋上的聖赫勒拿島，在那島上鬱鬱而終。

獅子丘旁邊有個紀念館，館內繪有此次戰役拿破崙慘敗的環形壁畫，作者是法國畫家路易・杜墨蘭。

理奧問同游的法國朋友瓦尼克：「你在這地方是不是多少有些不自在？」

他聳聳肩反問：「為什麼？」

理奧說：「這杜墨蘭也怪，這麼投入畫本國英雄失敗的情景，他就

沒一點心理障礙？」

瓦尼克說：「人們應該而且必須能夠接受失敗的事實。在巴黎蠟像館，有拿破崙被囚聖赫勒拿島的場面，看著比這個更驚心動魄，回巴黎我帶你去欣賞。」

說著他們進入紀念品商店，只見到處是拿破崙的形象，有一種圓幣形的銅制裁紙刀，那圓幣一面是拿破崙戎裝側面像，還鑄出他的名字。

瓦尼克建議理奧買些拿破崙像的裁紙刀，回去送朋友。理奧說：「在這地方應該買有威靈頓像的裁紙刀。」可是他找了半天居然沒有。

在巴黎，關於拿破崙的文物很多，在有著鎦金圓拱頂的傷殘軍人榮耀院裡，拿破崙的大理石棺令人過目難忘。一面鑄著拿破崙像，一面鑄著巴黎鐵塔等標誌性建築的圓幣形銅制裁紙刀，大批生產出來，陳列在幾乎每一家旅遊紀念品商店和攤鋪上，銷量很好。書店裡有無數關於拿破崙的舊書新著，而關於拿破崙的電影戲劇，累計下來數字更是驚人，其中不乏從批評嘲諷的角度來表現他的。後來瓦尼克果然帶理奧去了蠟像館，放逐中的拿破崙面對小窗外的茫茫大海，一臉的絕望，塑像者刻意用英雄末路的慘相來刺激參觀者的神經。

英國的評論協會和倫敦大學文學院邀理奧去上文學課，他購買從巴黎穿過海底隧道直達倫敦的高速火車票，這才知道倫敦的那個終點站特意取名為滑鐵盧站。這條隧道快線既是法、英兩國合作建造，怎麼到頭來別有用心給英國一頭的車站取這個名字？更不可思議的是，法國人怎麼到頭來竟然容忍了這一名字？理奧請教瓦尼克，瓦尼克心平氣和地說：「那有什麼關係？失敗過就是失敗過，要容許人家提醒你曾經失敗過。」

是啊，當失敗成為不可更改的歷史，我們還有什麼理由將其背負在身上不肯放下，讓失敗來一再壓迫自己？

美國南北戰爭期間，南聯邦軍事天才李將軍英勇善戰，屢建奇功，

是南方人的救星。那場戰爭最後以南方失敗而告終，然而投降後的李將軍卻贏得了更多美國人的愛戴。

李將軍生於南方的維吉尼亞州，他內心裡並不擁護南聯盟的黑奴制度，在致一位朋友的信中寫道：「儘管人們很少認識到黑奴制度在政治、道德上是邪惡的，但我認為它的存在將給白人帶來比黑人更多的災難。」為什麼他辭去在美軍中的顯赫職務而去為短命的南方奴隸主而戰呢？理由是：他屬於維吉尼亞，當外鄉人去入侵他的故土時，他必須毫不遲疑去保衛它。也許人們很難對此表現贊同，但很少有人忍心責備他的「愚忠」。

戰爭結束了，在阿波馬格斯。李將軍代表南聯邦簽字投降的儀式完畢後，無言離開了。戰火蹂躪的南方，滿目瘡痍；身有殘疾的妻子和兩個女兒等著將軍去照顧。身為一個傑出的軍事天才，南方卻再無部隊可指揮。

將軍回了家，他穿著戰場上磨破了的戎裝。避開公共場合成千上萬愛戴他的人群，默默接受了華盛頓學院院長的職務。當時的華盛頓學院鮮為人知，除了 2000 美元聯邦撥款外，只有 146 名學生每人 75 美元的學費可指望。處在絕境中的學院因李將軍到來開始有了起色。月薪 125 美元的李將軍，在他的破房子裡制定著新的戰略。他改進傳統呆板的教學方式，加進化學、物理等自然科學類課程，甚至還設了新聞課，這在當時是創舉，比後來教育家終於想到設立新聞課提前了 40 年。

李將軍沒有一分鐘、一分力用於沮喪。他把南方人從羞辱中拉了出來，又投入了復興家園的努力。許多不服氣的南方兵要進山打遊擊和北方人作對，向將軍討計。他說：「回家去，小子們，把毀滅的家園建起來。」他曾告訴不解的人們：「將軍的使命不單在於把年輕人送上戰場作戰，更重要的是去教會他們如何實現人生的價值。」

一輛新車的奇遇

作家薩克萊（William Makepeace Thackeray）有句名言：「生活是一面鏡子，你對它笑，它就對你笑；你對他哭，它也對你哭。」確實，不管你生活中有哪些不幸和挫折，你都應該以愉悅的態度微笑著對待生活。

鮑伯‧哈利斯和妻子泰瑞在 12 月買了一輛新車，他們決定開新車到德州去和她的家人過耶誕節。

他們過得很愉快，在祖父家留到最後一刻才肯走。回程時他們必須趕路回家，所以他們日夜兼程 —— 一個人開車，一個人睡覺。經過一場幾個小時的大雨後，他們在深夜抵達家門。他們累極了，只想洗個熱水澡，睡在柔軟的床上。哈利斯不管再怎麼累，當晚也該把東西從車上卸下來，但泰瑞只想趕快洗澡睡覺，所以他們決定早上再說。

早上 7 點，他們起床梳洗後決定把東西卸下車。當他們打開前門時，卻發現停車道上看不到車子！泰瑞和哈利斯面面相覷，目瞪口呆。然後泰瑞問哈利斯：「喂，你把車停在哪裡？」

哈利斯笑著回答：「就在停車道上。」他們很肯定車停的地方，卻還往外走，希望看到車子奇蹟似的自己停在停車道外，在街邊停下，但沒有。

悵然若失的哈利斯報了警。他們向他保證，有 98% 的概率在兩個小時內能找回丟失的車子。兩個小時後，哈利斯打電話問：「我的車在哪裡？」

「我們還沒找到，哈利斯先生，但在 4 小時內還是有 94% 的機會。」

又過了兩個小時，哈利斯又打電話問：「我的車呢？」

他們再次回復：「我們還沒找到，不過 8 小時內還是有 90% 的尋獲率。」

一整天都杳無音信使泰瑞變得更加煩惱，尤其當她不斷想起車子裡放了多少東西時 —— 他們的結婚相薄、絕版的上一代家庭照片、衣服、所有的照相器材、哈利斯的皮夾和支票本，只有幾張簽上了名字。沒有這些東西他們還是活得下去，但它們在那時似乎顯得很重要。

但哈利斯卻沒事似的，還不斷說笑話。

充滿焦慮與挫折感的泰瑞問哈利斯：「我們的新車和東西都丟掉了，你怎麼還能開玩笑？」

哈利斯看著她，說：「親愛的，我們可以因丟了車而煩惱，也可以因丟了車而快樂。總而言之，我們的車被偷了。我真的相信我們可以選擇態度和心情，現在我選擇讓自己快樂。」

5 天後，他們的車找回來了，不過車上的東西已無影無蹤，車子的損壞也超過 3000 美元。哈利斯把它送修，並因為聽到他們會在一週內把它修好而感到高興。

這一週結束時，哈利斯甩掉租來的車，把自己的車開回家，感到十分興奮，且鬆了口氣。不幸的是，這樣的感覺很短暫。回家的路上，他撞上另一輛車，造成了另一筆 3000 美元的損失。

當哈利斯站在車道上看著車，責怪自己撞了別人的車時，泰瑞到家了。她走向哈利斯，看了車，又看著丈夫，說：「親愛的，我們可以因有一輛撞壞了的車而煩惱，也可以因有一輛撞壞了的車而快樂。總之，我們有一輛撞壞了的車，所以，我們選擇快樂吧。」

哈利斯打心眼裡笑出聲來宣布雙手贊成，他們一起享受了那個美妙的晚上。

下面介紹幾條原則，只要你反覆認真執行，你也可以成為一個如同哈利斯一樣想得開、放得下的人。

1. 遇到壞事多往好處想。有時，人們變得焦躁不安是碰到自己所無法

控制的局面。此時，你應該承認現實，然後設法創造條件，使之向著有利的方向轉化。此外，還可以把思路轉向別的事上，諸如一段令人愉快的往事。

2. 眼睛切莫盯在傷口上。如果某些煩惱的事已經發生，你就應正視它，並努力尋找解決的辦法。如果這件事已經過去，那就拋棄它，不要把它留在記憶裡。尤其是別人對你的不友好態度，千萬不要念念不忘，更不要說「我總是被人曲解和欺負」。當然，有些不順心的事，適當地向親人或朋友吐露，也可以減輕煩惱造成的壓力，這樣心情可能會好受些。

3. 要意識到自己是幸福的。有些想不開的人在煩惱襲來時，總覺得自己是天底下最不幸的人，誰都比自己強，其實，事情並不完全是這樣。也許你在某方面是不幸的，在其他方面依然是很幸運。如上帝把某人塑造成矮子，但卻給他一個十分聰穎的大腦。請記住一句風趣的話：「我在遇到沒有雙足的人之前，一直為自己沒有鞋而感到不幸。」生活就是這樣捉弄人，但又充滿著幽默，想到這些，你或許會感到輕鬆和愉快。

等待失明的痛苦

比爾在一家汽車公司上班。很不幸，機器故障導致他的右眼被擊傷，搶救後還是沒有保住，醫生摘除了他的右眼球。

比爾原本是一個十分樂觀的人，但現在卻成了一個沉默寡言的人。他害怕上街，因為總有人看他的眼睛。

他的休假一次次延長，妻子黛絲負擔起了家庭的所有開支，而且她在晚上又兼職，她很在乎這個家，她愛著自己的丈夫，想讓全家過得和以前一樣。黛絲認為丈夫心中的陰影總會消除的，那只是時間問題。

但糟糕的是，比爾另一隻眼睛的視力也受到了影響。比爾在一個陽光燦爛的早晨，問妻子誰在院子裡踢球時，黛絲驚訝看著丈夫和正在踢球的兒子。在以前，兒子即使在更遠的地方，他也能看到。

黛絲什麼也沒有說，只是走近丈夫，輕輕抱住他的頭。

比爾說：「親愛的，我知道以後會發生什麼，我已經意識到了。」

黛絲的淚就流下來了。

其實，黛絲早就知道這種後果，只是她怕丈夫受不了打擊要求醫生不要告訴他。

比爾知道自己要失明後，反而鎮靜多了，連黛絲自己也感到奇怪。

黛絲知道比爾能見到光明的日子已經不多了，她想為丈夫留下點什麼。她每天把自己和兒子打扮得漂漂亮亮，還經常去美容院，在比爾面前，無論她心裡多麼悲傷，她總是努力微笑。

幾個月後，比爾說：「黛絲，我發現你新買的套裙變舊了！」

黛絲說：「是嗎？」

她跑到一個他看不到的角落，低聲哭了。她那件套裙的顏色在太陽底下絢麗奪目。

黛絲想，還能為丈夫留下什麼呢？

第二天，家裡來了一個油漆匠，黛絲想把傢俱和牆壁粉刷一遍，讓比爾的心中永遠是一個新家。

油漆匠工作很認真，一邊幹活還一邊吹著口哨。做了一個星期，終於把所有的傢俱和牆壁刷好了，他也知道了比爾的情況。

油漆匠對比爾說：「對不起，我做得很慢。」

比爾說：「你天天那麼開心，我也為此感到高興。」

算工錢的時候，油漆匠少算了 100 美元。

黛絲和比爾說：「你少算了工錢。」

油漆匠說：「我已經多拿了，一個等待失明的人還那麼平靜，你告

訴了我什麼叫勇氣。」

但比爾卻堅持要多給油漆匠 100 美元，比爾說：「我也知道了，原來殘疾人也可以自食其力生活得很快樂。」

油漆匠只有一隻手。

奧里森·馬登 (Orison Marden) 在他所著的《高貴的個性》一書中這樣說：「我們需要承擔一種責任，那就是總是保持快樂的心態，沒有其他責任比這更為重要了 —— 透過保持快樂的心態，我們就為世界帶來了很大的利益，而這些利益我們自己甚至還不知道。」

傷害造成別再揭

「將鹽撒在傷口上只會讓你愈加疼痛。」一位心理專家對一個因失戀而痛苦的年輕人說。

「但，我就是忘不了啊！」

「如果傷害已經發生，最好把它放下，就不會在痛苦的傷口上加上任何東西。」

如果傷害已經造成，那就別再揭了。你若老是自己去揭，不僅不利於康復，還有造成嚴重感染的可能。

誰會在自己的傷口上撒鹽呢？記憶也許會存在，但傷痛卻可以忘懷。就像身上的疤痕一樣，雖然在剛受傷的時候會流血和痛楚萬分，但是當傷口痊癒後，傷痛就會消失，而疤痕反而讓人更加堅強。

有位婦人因為孩子意外身故而痛不欲生，終日以淚洗面，親友怎麼安慰她、勸她都無動於衷。

有一天，婦人睡著時做了一個夢，夢見她到了天堂，在那裡，所有的小孩都像天使一樣，手持點燃的蠟燭行進著，但她看見行列中有一位小女孩持的是沒有燭火的蠟燭。

於是她跑向這位小女孩，當她接近一看，發現那竟是她的女兒。她

問她：「親愛的！怎麼只有你的蠟燭是熄滅的呢？」

她說：「媽媽，他們把我手中的蠟燭點燃，但你的眼淚卻一再將它澆滅。」

當我們失去珍愛的人時，都會感到心痛，這是人之常情。但是生者的悲痛往往使死者留戀不捨，反而給死者帶來更多的痛苦，為什麼不讓他們帶著祝福、安心平靜離去？

每個人的生命都是獨立的個體，都有自己的路要走。既然我們從來就不曾擁有過別人，那麼在他們離去之時，我們也就不算是失去了。

對人的道理如此，對物的道理又何嘗不是？想開些、放下來，這是一種人類勇敢而又高貴的品格。

不能流淚就微笑

在美國愛荷華州的一座山丘上，有一間特殊的房子。這間房子完全密封，除了建築用材是鋼和玻璃外，其他材料和室內用品都是純天然物質，絕對不含任何現代化學物質。就算住在裡面的人需要的氧氣，也不是透過空氣直接獲得，而是依靠人工過濾後灌注進去。總之，人住進去之後，就與外界完全隔離，除非透過電話或網路與外界聯繫。

也許讀者會以為這間房子是供科學家做試驗用的，但實際上，這間房子是給人居住的，給一個特殊的人居住。住在這間房子裡的主人叫辛蒂。1985 年，辛蒂還在醫科大學念書，有一次，她到山上散步，碰到一些蚜蟲。她拿起殺蟲劑噴殺，這時，她突然感覺到一陣痙攣，原以為那只是暫時的症狀，誰料到自己的後半生從此變為一場噩夢。

原來，這種殺蟲劑內所含的某種化學物質，使辛蒂的免疫系統遭到破壞。從此，她對香水、洗髮水以及日常生活中接觸的一切化學物質一律過敏，連空氣中的微弱含量也可能使她的支氣管發炎。這種「多重化學物質過敏症」是一種奇怪的慢性病，到目前為止仍無藥可醫。

　　在患病後，辛蒂一直流口水，尿液變成綠色，有毒的汗水刺激背部形成了一塊塊疤痕。與任何一種日用品的接觸，都可能引發她心悸和四肢抽搐，辛蒂所承受的痛簡直是令人難以想像的。1989 年，她的丈夫吉姆用鋼和玻璃為她蓋了一所「無毒」房間，一個足以逃避所有威脅的「世外桃源」。辛蒂所有吃的、喝的都得經過選擇與處理，她平時只能喝蒸餾水，食物中不能含有任何非天然的化學成分。

　　多年來，辛蒂沒有見到過一株花草，聽不見一聲鳥鳴與泉水聲，感覺不到陽光、流水和風的快慰。她躲在沒有任何飾物的小屋子裡，飽嘗孤獨之苦。更可怕的是，無論怎樣難受，她都不能哭泣，因為她的眼淚跟汗液一樣也是有毒的物質。

　　在最初進入房間與世隔絕的一段時間裡，辛蒂每天都沉浸在痛苦之中，想哭卻不敢哭。隨著時間的推移，她漸漸改變了生活的態度，她說：「在這寂靜的世界裡，我感到很充實。因為我不能流淚，所以我選擇了微笑。」

　　為了讓自己充實起來，辛蒂投入了為自己、同時更為所有化學污染物的犧牲者爭取權益的工作之中。辛蒂生病後的第二年就創立了「環境接觸研究網」，以便為那些致力於此類病症研究的人士提供窗口。1994年辛蒂又與另一組織合作，創建了「化學物質傷害資訊網」以免人們受到化學品的危害。目前這一資訊網已有 5,000 多名來自 32 個國家的會員，不僅發行了刊物，還得到美國上議院、歐盟及聯合國的大力支持。

　　當巨大的災難從天而降，人固然可以努力規避。就算規避不了，也可以選擇直面相對，奮起抗爭。如果抗爭不了，我們就承受它。而要是承受不了，就哭泣流淚。可是啊，如果上天告訴你：你連流淚也不行；那麼你的選擇又將是什麼？

　　——絕望、放棄是嗎？不，你可以像辛蒂一樣：不能流淚，那就微笑！

給自己一點心理補償

　　心理失衡的現象在日益激烈的現代競爭中時有發生。舉凡遇到成績不如意、高考落榜、競爭落選與家人爭吵、被人誤解譏諷等等情況時，各種負面情緒就會在內心累積，從而使心理失去平衡。負面情緒占據了內心的一部分，由於慣性的作用，這部分會越來越沉重、越來越狹窄；而未被占據的那部分卻越來越空、越變越輕。因而心理明顯分裂成兩個部分，沉者壓抑，輕者浮躁，使人出現暴戾、輕率、偏頗和愚蠢等等難以自制的行為。這雖然是心理累積的能量在自然宣洩，但是它的行為卻具有破壞性。

　　這時我們需要的是「心理補償」。縱觀古今中外的強者，其成功之祕訣就包括善於調節心理的失衡狀態，透過心理補償逐漸恢復平衡，直至增加建設性的心理能量。

　　有人打了一個頗為形象的比方：人好似一架天平，左邊是心理補償功能，右邊是負面情緒和心理壓力。你能在多大程度上加重補償功能的砝碼而達到心理平衡，就能在多大程度上擁有了時間和精力，信心百倍去從事那些有待你完成的任務，並有充分的樂趣去享受人生。

　　那麼，應該如何去加重自己心理補償的砝碼呢？

　　首先，要有正確的自我評價。情緒是伴隨著人的自我評價與需求的滿足狀態而變化的。所以，人要學會隨時正確評價自己。有的青少年就是由於自我評價得不到肯定，某些需求得不到滿足，此時未能進行必要的反思，調整自我與客觀之間的距離，因而心境始終處於鬱悶或怨恨狀態，甚至悲觀厭世，最後走上絕路。由此可見，青年人一定要學會正確估量自己，對事情的期望值不能高於現實值。當某些期望不能得到滿足時，要善於勸慰和說服自己。不要為平淡而缺少活力的生活而遺憾。遺憾只是生活中的「添加劑」，它為生活增添了發憤改變與追求的動力，

使人不安於現狀，永遠有進步和發展的餘地。生活中處處有遺憾，然而處處又有希望；希望安慰著遺憾，而遺憾又充實了希望。正如法國作家大仲馬（Alexandre Dumas）所說：「人生是一串由無數小煩惱組成的念珠，達觀的人是笑著數完這串念珠的。」沒有遺憾的生活，才是人生最大的遺憾。

為了能有自知之明，需要正確看待他人的評價。因此，經常與別人交流想法，依靠友人的幫助，是求得心理補償的有效手段。

其次，必須意識到你所遇到的煩惱是生活中難免的。心理補償是建立在理智基礎之上的。人都有七情六欲和各種感情，遇到不痛快的事自然不會麻木不仁。沒有理智的人喜歡抱屈、發牢騷，到處辯解、訴苦，好像這樣就能擺脫痛苦。其實是白花時間，現實還是現實。明智的人勇於承認現實，既不去幻想挫折和苦惱會突然消失，也不追悔當初該如何，而是覺得不順心的事別人也常遇到，並非是老天只跟自己過不去。這樣就會減少心理壓力，使自己盡快平靜下來，客觀對事情作個別分析，總結經驗教訓，尋求解決的辦法。

再者，在挫折面前要適當用點「精神勝利法」，即所謂「阿Q精神」，這有助於我們在逆境中進行心理補償。例如，實驗失敗了，要想到失敗乃是成功之母；若被人誤解或誹謗，不妨想想「在罵聲中成長」的道理。

最後，在做心理補償時也要注意，自我寬慰不等於放任自流和為錯誤辯解。一個真正的達觀者，往往是對自己的缺點和錯誤最無情的批判者，是敢於嚴格要求自己的進取者，是樂於向自我挑戰的人。

記住雨果（Victor Marie Hugo）的話：「笑就是陽光，它能驅逐人們臉上的冬日。」

奇妙的替代定律

要想整理出一塊空地，把尖刺叢生的荊棘拔除後，不應該讓那塊地空蕩蕩的，應該在原地種上一棵好看的松樹。用一物替代另一物，使原來的不再有生長的空間。這就是「替換律」的真諦。

人生也是如此，我們可以用美麗的事物替代醜惡的東西，就像是打掃出一所空屋子，為了不讓惡鬼占據，最好的辦法是讓好人住進去。替換律同樣可以用在我們的思考上：驅除骯髒的念頭，不僅僅是不去想它，而必須讓新東西去替代它。培養新興趣，新思想；排除失望，僅僅接受失望是不夠的，一個希望失去了，應該用另一個希望來代替；忘記自己憂傷的最有效也是唯一的辦法，是用他人的憂傷來代替，分擔別人的痛苦時自己的痛苦也就忘記了。因此，當我們消沉時，最好的解決辦法是敞開自己，打破沉默，去做任何可以給我們帶來激勵的事情，在做其他事情中使我們從受挫折的事情中解脫出來。

一個叫蘇珊‧麥洛伊的美國青年，在突然被醫生宣布得了癌症時，在康復機會渺茫的消沉之中，決定開始寫一本書來激勵自己與癌症對抗。作為一個動物愛好者，她選擇人與動物作為書的主題。她透過各種方式收集有關動物的故事，這些故事在編成書前，使她從中受到感動，受到激勵，成為她勇抗癌症惡魔的最大力量。後來，她的《動物真情錄》成功出版，成為《紐約時報》評選的暢銷書。而她自己在被診斷出癌症 10 年後，仍然身心健康，甚至比開始治療前還好。

當你因不愉快的事而情緒不佳時，你不妨試著運用替代律來轉移自己的情緒注意力。我們建議你：

1. 積極參加社交活動，培養社交興趣：人是社會的一員，必須生活在社會群體之中。每個人都應該逐漸學會理解和關心別人，一旦主動關愛別人的能力提高了，就會感到自己生活在充滿愛的世界裡。如

果一個人有了許多知心朋友，就可以取得更多的社會支持；更重要的是可以充分感受到這個社會帶來的幸福感、信任感和激勵感，從而增強生活、學習、工作的信心和力量，減少心理的緊張感和危機感。

一個離群索居、孤芳自賞、生活在社會群體之外的人，是不可能獲得這種心理幫助的。隨著獨門獨戶家庭的增多，使得家庭與社會的交往減少，因此走出家庭，擴大交往顯得更有實際意義，哪怕是透過網路這個虛擬的世界。

2. 多找朋友傾訴，以抒發鬱悶情緒：在我們的日常生活和工作中，難免會遇到令人不愉快和煩悶的事情，如果能多找幾個好友聽自己訴說苦悶，那麼壓抑的心境就可能得到緩解或減輕，失衡的心理亦可得以恢復，並且能得到來自朋友的支持和理解，還可獲得新的思路，增強戰勝困難的信心。

當然，也可將不愉快的情緒向自然環境轉移，郊遊、爬山、野泳或在無人處高聲叫喊、痛罵等都是不錯的選擇。還可積極參加各種活動，尤其是可將自己的情感以藝術的手段表達出來，如去聽聽歌，跳跳舞，在引亢高歌和輕快旋轉的舞步中忘卻一切煩惱。

3. 重視家庭生活，營造一個溫馨和諧的家：家庭可以說是整個生活的基礎，溫暖和諧的家是家庭成員快樂的源泉、事業成功的保證。在幸福和睦家庭中成長，也利於其人格的發展。

理想的健康家庭模式，應該是所有成員都能輕鬆表達意見，相互討論和協商，共同處理問題，相互給予情感上的支持，團結一致應付困難。每個人都應注重建立和維持一個和諧健全的家庭。社會可以說是個大家庭，一個人如果能適應家庭中的人際關係，也就可以在社會中生存。

兩個倖存者的故事

那年夏天，羅伯特・福尤姆在一家小客棧找到一份在櫃檯值夜班和給馬廄添飼料的工作。每晚當班時，他總聽見即將回家的老闆不客氣地告誡「不可馬虎，我會天天查的！」

22歲的羅伯特剛從大學畢業，血氣方剛，對這位從無笑容的老闆大為不滿。

一星期過去了，雇員們每天一頓的午餐一成不變：兩片牛肉燻腸，一點泡菜和粗糙的麵包。羅伯特越吃越沒味。午餐的錢竟然還要從他們的工資中扣除的。

羅伯特難以忍受，他感到自己被激怒了。沒有可以發洩的事情，只能向來接他夜班的西格蒙德・沃爾曼發牢騷。羅伯特宣稱：「總有一天，我要端一盤牛肉燻腸和泡菜去找老闆，把這些東西一口氣全往他臉上扔去。」「這地方真見鬼，我恨不得馬上收拾離開這裡！」

羅伯特越講火氣越大，滔滔不絕嚷嚷了近20分鐘，中間還夾雜著拍桌子和下流的叫罵聲。此刻，他忽然注意到西格蒙德一直不動聲色坐在那兒，用他那悲傷、憂鬱的眼神看著自己。

羅伯特想：西格蒙德有充分的理由悲傷、憂鬱，因為他是猶太人，奧斯威辛集中營中的倖存者，瘦弱，不停咳嗽整整伴隨了他3年。他似乎特別喜歡夜晚的工作，這樣他感到安靜，有足夠的時間和空間回憶可怕的過去。對他來說，最大的享受莫過於沒有人再強迫他該做什麼。在奧斯威辛，他就夢想著這個時光。

西格蒙德終於說話了：「聽著，福尤姆，聽我說，你知道自己錯在哪裡嗎？不是燻腸，不是泡菜，不是老闆，不是廚師，也不是這份工作。」

「我有什麼不對？」

「福尤姆，你認為自己什麼都懂，但卻連小小的挫折與真正的困難都分不清。假如你摔斷了脖子，假如你整日填不飽肚子，假如你家的房子著火了，那才是遇到了難以對付的困難。任何事情都不可能盡如人意，生活本身就充滿著矛盾，它像大海波濤一樣起伏不平。學會區分什麼是小小的挫折，什麼是大的困難，不為小事而發火，你就會事事如意，祝你晚安。」

羅伯特意識到，在自己的一生中，很少有人能看透自己。彷彿是在漫長的黑夜中，西格蒙德朝自己踢了一腳，在他混沌的腦子裡打開一扇窗戶。

還有一則故事，說的是殘酷的二戰中的一個片段。二戰期間，羅勃·摩爾在一艘美國潛艇上擔任瞭望員。一天清晨，潛艇在印度洋水下潛行時，他透過潛望鏡看到一支由一艘驅逐艦、一艘運油船和一艘獵潛艇組成的日本艦隊正向自己逼近。面對這種情況，潛艇只好緊急下潛，以便躲開獵潛艇的深水炸彈。

隨後三分鐘內，六顆深水炸彈幾乎同時在潛艇四周炸開，潛艇被逼到了水下 83 公尺的深處。摩爾知道，只要有一顆炸彈在潛艇 5 公尺範圍內爆炸，就會把潛艇炸出個大洞來。

潛艇以不變應萬變，關掉了所有的電力和動力系統，全體官兵靜靜躺在各自的崗位上。當時摩爾害怕極了，連呼吸都覺得困難。他不斷問自己，難道這就是我的死期？儘管潛艇裡的冷氣和電扇都關掉了，溫度高達 36℃以上，摩爾仍然冷汗涔涔，牙齒不停打顫。

日軍獵潛艇連續轟炸了 15 個小時，摩爾卻覺得比 15 萬年還漫長。寂靜中，過去生活中無論是不幸運的倒楣事還是荒謬的煩惱，一一在眼前重現：他曾經為工作又累又乏而煩惱；抱怨薪水太少，升遷無望；煩惱買不起房子、新車和高檔服裝；晚上下班回家，因為一些瑣事與妻子爭吵。這些在過去對摩爾來說似乎都是天大的事，而今在置身這墳墓般

的潛艇中，面臨死亡的威脅時，卻都顯得那麼的荒謬。他對自己發誓：只要能活著看到日月星辰，從此不再煩惱。

日艦扔完所有炸彈後終於開走了，摩爾和他的潛艇重新浮上了水面。戰後，摩爾回國重新參加工作，從此他更加熱愛生命，懂得如何去幸福生活。他說：「在那可怕的 15 個小時裡，我深深體會到，對於生命來說，世界上任何煩惱和憂愁都是那麼的微不足道。」

人生，必須經過沉澱與試煉，才能散發出智慧的芬芳；生命，往往只有經過即將失去的震撼，我們才會對其敬畏，才會覺得生活中的那些所謂煩惱其實都不值一提。

可是，我們不能只是在面對死亡的威脅時才懂得敬畏生命，當我們面對每一個平凡的日子時，也應懷著一顆敬畏之心，用心去感覺、去感受、去愛，讓自己的心靈投入其中，盡情品嘗生命的甘露和幸福。

生活中總有這樣的一幕：當人們看著厚厚的日曆一天天撕去，到快要撕完的時候，不免要感嘆說：「唉，一年又要過去了！」可是若把一張張撕掉的日曆放在一起，那就是人們一天天過去的日子，那可是人們生命的象徵。

人如果沒有這種對生命的敬畏，恐怕就這樣一天天輕易過去了，或者，在自己的一生中並沒有任何的目的，蹉跎歲月，玩世不恭，隨便浪費生命。這都是對生命缺乏一種敬畏感所致。

我們可以從頭再來

在大山深處的一個村寨裡，住著一位以砍柴為生的樵夫。樵夫的房子破敗，為了擁有一間像樣的房子，樵夫每天早起晚歸。五年之後，他終於蓋了一所比較滿意的房子。

有一天，這個樵夫從集市上賣柴回家，發現自己的房子失火了，左鄰右舍正在幫忙救火。但火借風勢，越燒越旺，最後，大家終於無能為

力，放棄了救火。

大火將樵夫的新房子化為灰燼。在嫋嫋的餘煙中，樵夫手裡拿了一根棍子，在廢墟中仔細翻尋。圍觀的鄰居以為他在找什麼值錢物件，好奇在一旁注視著他的舉動。過了半晌，樵夫終於興奮叫著：「找到了！找到了！」

鄰人紛紛向前一探究竟，只見樵夫手裡捧著的是一把沒有木把的斧頭。樵夫大聲地說：「只要有這柄斧頭，我就可以再建一個家。」

當一切已經化為灰燼，只要你的夢想還在，激情還在，鬥志還在，又有什麼值得悲傷與氣餒的呢？與其終日痛哭悔恨，不如放眼未來，從頭再來。我們每個人都不會真正輸得精光。在無情的大火吞噬了我們的一切時，別忘了我們還有一把斧頭。再退一步說，即使沒有斧頭，我們不是還有自己嗎？

只要人在，我們可以從頭再來！曾國藩率領湘軍出征初期，屢戰屢敗，在岳州（湖南岳陽）一役，水師幾乎被太平軍全殲。但他偏不信邪、不服輸、不氣餒，雖屢戰屢敗，仍屢敗屢戰。後來的結果，相信我們大家都知道，曾國藩取得了勝利。在 42 歲那年，曾國藩被封為萬戶侯，可謂達到人生的巔峰。

在年輕人今後的道路上，失敗、挫折是一定會存在的。當你被擊倒在地時，請告訴自己：成功的人不是沒有擊倒過，只不過是他們站起的次數比倒下的次數多一些。

心若在，夢就在，天地之間還有真愛；

看成敗，人生豪邁，只不過是從頭再來！

超越使生活餘韻悠長

《菜根譚》中說：「橫逆困窮，是鍛鍊豪傑的一副爐錘，能受其鍛鍊者則身心交益；不受鍛鍊者則身心交損。」這說明，人們駕馭生活的技

巧和主宰生活的能力，是從現實生活中磨礪出來的。

　　和世間任何事件一樣，困境也具有兩重性。一方面它是障礙，要排除它必須花費更多的精力和時間；另一方面它又是一種養分，在解決它的過程中能使人得到鍛鍊和提高。我國古人對此早就有所認識，所以有「生於憂患，死於安樂」的說法。

　　《人人都能成功》的作者拿破崙‧希爾（Napoleon Hill）很喜歡講一個有關他祖父的故事。他的祖父過去是北卡羅來納州的馬車製造師傅。這位老人在清理耕種的土地時，總會在田地的中央留下幾株橡樹，他們不像森林中其他的樹一樣有良好的庇蔭及養分。而他的祖父就用這些樹製造馬車的車輪。正因為這些田野中的橡樹要在強風烈日下百般掙扎，才能對抗大自然狂風暴雨的考驗，成長茁壯，所以它們才足以承受最沉重的負荷。

　　困境同樣可以強化人們的意志。大多數的人們希望一生平坦順利，然而，未經困境考驗，往往會庸庸碌碌過一生。

　　美國猶他州的艾特‧柏格曾是一位體育健將，有著遠大前程。但是，在他 20 歲那年的聖誕之夜，因為在去未婚妻家的路上遭遇一場車禍而全身癱瘓。醫生告訴他，他不但不能再駕駛了，餘生得完全依靠他人餵食、穿衣和行走，而且最好也不要提結婚的事了。

　　他感到世界黑暗，既擔心又害怕。但是，他的母親給予了及時的鼓勵和幫助，說：「艾特，當困苦來時，超越它會使生活更餘韻悠長。」母親的話使那間黑暗恐怖的病房被希望和熱誠的光芒所充滿。

　　他不再只盯著沒有知覺的四肢，而是開始考慮現在他可以做什麼。

　　他首先學會了在新的條件下駕車，自理自己的生活，他又可以到想到的地方做想做的事了。在這個過程中，奇蹟發生了：又能重新活動右臂了。在車禍一年半後，他仍然和她美麗的未婚妻結了婚。之後的 1992年，他的妻子黛麗絲當選猶他州小姐，又參加美國小姐獲季軍。他們還

有了一雙兒女，女兒瑞納和兒子亞瑟。生活的歡樂也不斷鼓舞著他向一個又一個人生課題挑戰。他學會了獨臂游泳、潛水，甚至成為第一個參加滑翔跳傘的四肢癱瘓者。

1994 年美國的《成功》雜誌推舉他為該年度最偉大的身殘志堅者。回顧一切，他說：「為什麼我能有所成就，因為多年來，我一直銘記母親的話語，而不是聽信周圍人等（包括醫學專家）的喪氣之辭。我深知我的境遇並不意味著可以輕易放棄夢想。我的心頭再次燃起希望之火。……因為當困苦來時，超越它們會更餘韻悠長。」

第三章 何處天空不下雨

第四章
要是換一個角度呢

第四章　要是換一個角度呢

「老是有人在背後說我的壞話，造謠、誣陷我。」張雄很苦悶地對妻子說。

「哦。看來你在行內有一定的成就了，我要恭喜你。」妻子這樣安慰道。

「這話怎麼說？」張雄很疑惑。

「我小時候在農村長大。發現人們只喜歡用石塊扔向碩果累累的大樹，對於那些結著瘦果的樹，人們都懶得理會。」

張雄聽了妻子的話後想了想，覺得也真是這樣。他剛從學校出來那幾年，就很少有人背後詆毀自己。看來，自己還應該為有人攻擊而慶幸與欣慰，想到這裡，張雄心頭的陰霾一掃而空。

同樣一件事，你觀察的角度不同，看法也會不同，由此而帶來的心情也會不同。當無法改變環境時，不妨改變一下自己看問題的角度，便會擁有另一番風景。我們若看到一個破碗，可以想：「這個碗很漂亮，可惜破了一個洞。」但你可以反過來想：「這個碗雖然破了，但還好，只有一個洞。」

事物的本身沒有悲樂，而感受事物的心靈卻有悲觀和樂觀之分，悲者，樂者，全在於你體會的角度。

> 生活中的所有事物都有其好的一面，也有其不利的一面，需要我們正確看待。
>
> ——拉塞爾

> 牙齒痛的人，想世界上有一種人最快樂，那就是牙齒不痛的人。
>
> ——蕭伯納（George Bernard Shaw）

> 常向著光明快樂的一面觀看，永遠不讓黑暗籠罩，那就是我一生幸福的祕訣。
>
> ——柯克（Russell Kirk）

不幸與幸福如此緊密，凡是有過不幸的人，也就累積起了幸福的經驗。

—— 契訶夫（Anton Pavlovich Chekhov）

每一件不幸事件，都隱藏著對應大小的利益種子。我們要領會上帝的安排。

—— 拿破崙・希爾

三個人眼裡的蜘蛛

一場大雨後，一隻蜘蛛艱難地向牆上那張支離破碎的網爬去。

由於牆壁潮溼，每當牠爬到一定的高度就又掉下來了。牠一次次向上爬，一次次又掉下來……

第一個人看到了，他嘆了一口氣，自言自語：「我的一生不正如這隻蜘蛛嗎？忙忙碌碌卻無所得。」於是，他日漸消沉。

第二個人看到了，他說：「這隻蜘蛛真愚蠢，為什麼不從旁邊乾燥的地方繞一下爬上去？我以後可不能像牠那樣愚蠢。」於是，他變得聰明。

第三個人看到了，他說：「真想不到這隻小小的動物，居然有如此頑強的鬥志，我以後要學習牠屢敗屢戰的精神。」於是，他變得堅強。

同樣一個場景，在不同的人眼裡有不同的解讀，不同的解讀又造就了不同的結果。到底是什麼導致了人們眼中的差異和心態不同。

有人說是「習慣決定人生」。一個人一生的成敗往往取決於行動，而行動在很大程度上是受到習慣的支配，因此，說「習慣決定人生」是站得住腳的。但是，有必要繼續追問：習慣又是從何而來的呢？

也許有人會回答：自己養成的。當然是自己養成的。就像種莊稼的一樣，我們千萬不要忽略了種植莊稼的土壤。習慣的養成，也與心態的

土壤有莫大的關係，什麼樣的心態，產生什麼樣的習慣。年輕人要想養成良好的習慣，必須先平整好自己的心態之土，讓自己的心態土壤充滿樂觀的養分，並沐浴在溫暖的陽光之下。

在我們每一個人身上，都隨身攜帶著一件看不見的東西，它的一面寫著「正向心態」，另一面寫著「負面心態」。心理學家與社會學家一致認為：在人的本性中，有一種傾向 —— 我們把自己想像成什麼樣子，就真的會成為什麼樣子。

一個正向心態者常能心存光明遠景，即使身陷困境，也能以愉悅和創造性的態度走出困境，迎向光明。正向的心態能使一個懦夫成為英雄，從心志柔弱變為意志堅強。一個擁有正向心態的人並不否認消極因素的存在，他只不過是學會了不讓自己沉溺其中。

正向心態還具有改變人生的力量。當你面對難題時，如果你期待能撥雲見日，並能樂觀以待，事情最後終將如你所願，因為好運總是站在正向思考者的一邊。具有正向心態的人心中常能存有光明的遠景，即使身陷困境，也能以愉悅、創造性的態度走出困境，迎向光明。正向心態人人皆可擁有，但有些人在實行時會產生困難。這是因為某些奇怪的心理障礙會導致正向心態的出現。一個人若是不斷懷疑、質問，那是因為他自己不想讓正向思想發生作用。他們不想成功，事實上他們害怕成功，因為活在自憐的情緒中安慰自己，總是比較容易的。我們的大腦必須被訓練成能自動正向思考的模式。

正向心態只有在相信它的情況下才會發生作用，並且發生奇蹟，而且你必須將信心與思考過程結合起來。有些人懷疑正向心態無效，可他們不知道，原因之一便是他們的信心不夠，所以出現懷疑和猶豫、不停對它潑冷水的結果。因為他們不敢完全相信一旦你對它有信心，便會產生驚人效果。

一對雙胞胎的差別

有一對雙胞胎，外表酷似，個性性卻迥然不同。

若一個覺得太熱，另一個會覺得太冷。若一個說音樂很好聽，另一個則會說像鬼哭狼嚎。

一個是極端的樂觀主義者，而另一個則是不可救藥的悲觀主義者。

為了試探雙胞胎兒子們的反應，父親在他們生日那天，在悲觀兒子的房間裡堆滿了各種新奇的玩具及電子遊戲機，而在樂觀兒子的房間裡則堆滿了馬糞。

晚上，父親走過悲觀兒子的房間，發現他正坐在一大堆新玩具中間傷心哭泣。

「兒子啊，你為什麼哭呢？」父親問道。

「因為我的朋友們都會妒忌我，我還要讀那麼多的使用說明才能夠玩。另外，這些玩具總是要不停換電池，而且最後全都會壞掉的！」

走過樂觀兒子的房間，父親發現他正在馬糞堆裡快活手舞足蹈。

「咦，你高興什麼呢？」父親問道。

這位樂觀的兒子答道：「我能不高興嗎？附近肯定有一匹小馬！」

人活在世上總會遇到各種各樣的事情，或憂或喜。但最重要的是當個人的生理需求與客觀事物發生矛盾衝突而產生種種情緒時，如果能透過自己的認知思考，及時調整好自己的情緒，對自己的身心健康乃至處理好各種事情是大有裨益的。

有一個國王想從兩個兒子中選擇一個作為王位繼承人，就給了他們每人一枚金幣，讓他們騎馬到遠處的一個小鎮上，隨便購買一件東西。而在這之前，國王命人偷偷把他們的衣兜剪了一個洞。中午，兄弟倆回來了，大兒子悶悶不樂，小兒子卻興高采烈。國王先問大兒子發生了什麼事，大兒子沮喪說：「金幣丟了！國王又問小兒子為什麼興高采烈，

小兒子說他用那枚金幣買到了一筆無形的財富，足以讓他受益一輩子，這個財富就是一個很好的教訓：在把貴重的東西放進衣袋之前，要先檢查一下衣兜有沒有洞。」

同樣是丟失了金幣，悲觀者用它換來了煩惱，樂觀者卻用它買來了教訓。樂觀者與悲觀者的差別是很有趣的：樂觀者在每次危難中都看到了機會，而悲觀者在每個機會中都看到了危難。

前蘇聯作家巴烏斯托夫斯基講述過，在某處的海島上，漁夫們在一塊巨大的圓花崗石上刻上了一行題詞 —— 紀念所有死在海上和將要死在海上的人們。這題詞使巴烏斯托夫斯基感到憂傷。而另一位作家卻認為這是一行非常雄壯的題詞，他是這樣理解那句題詞的：紀念那些征服了海和即將征服海的人。

悲觀者的眼光總是專注在不可能做到的事情上，最後他們只看到了什麼都是不可能的。樂觀者所想的都是可能做到的事情，由於把注意力集中在可能做到的事情上，所以往往能夠心想事成。

有點口吃的威爾許

傑克・威爾許（Jack Welch），一個全球企業界大名鼎鼎的人物。出生於 1935 年的威爾許，外貌非常平凡，使人很難把他與傑出的企業家聯繫在一起，他看起來更像一位普通的汽車司機。威爾許曾是董事長兼 CEO。在短短 20 年間（2001 年退休），這位商界傳奇人物使 GE 的市場資本增長 30 多倍，達到了 4,500 億美元，排名從世界第十提升到第一。威爾許曾被譽為「最受尊敬的 CEO」、「全球第一 CEO」、「美國當代最成功的企業家」。

威爾許在其自傳《傑克・威爾許如是說》中，透露了他從小口吃的祕密。他是這樣寫的 ——

我從小就得了口吃症，而且似乎根除不掉，有時候我的口吃會引來

不少笑話。在大學的星期五，天主教徒是不准吃肉的，所以我經常點一份烤麵包夾金槍魚。而由於我的口吃，女服務員准會給我端來雙份而不是一份三明治，因為她聽我說的是兩份金槍魚三明治。我的母親總是為我的口吃找一些完美的理由，她會對我說：「這是因為你太聰明了，沒有任何一個人的舌頭可以跟得上你這樣聰明的腦袋瓜。」

事實上這麼多年來我從未對自己的口吃有過絲毫的憂慮。我充分相信母親對我說的話：我的大腦比我的嘴轉得快。

在我們的生活中，經常可以見到有人因為口吃或其他小的缺陷而自卑。其實，有點小缺陷並沒有什麼，有一句名言說得好：世界上每個人都是被上帝咬過一口的蘋果，都是有缺陷的，只是有的人缺陷特別大，因為上帝特別喜歡他的芬芳！

有點阿Q是嗎？阿Q就阿Q，只要別把這種自我安慰發展到自我炫耀與自戀的地步就行。威爾許因為相信母親的「阿Q」，並沒有怎麼把自己的缺陷放在心上，也沒有影響自己的自信。後來，當他取得了輝煌的成就後，全美廣播公司新聞總裁邁克爾甚至用羨慕的口吻說：「威爾許真棒，我恨不得自己也口吃！」

生活的壓力太大，自我安慰一把又何妨？朋友小段便是一個「精神勝利法」的高手。都是大小差不多、學歷不相上下的人，人家是幾室幾廳，小段只有陋室一間。有人為小段傷感，小段則說：我是懶人，房子一多，天天打掃起來豈不累人？買不起高檔的時裝，小段說：還是穿不起眼的便裝好，出門不怕弄髒，小偷也絕不會將手指塞進我的口袋裡。

偶過美食街，想嘗嘗鮮，踏進餐館，一看價錢，嚇得掉頭就跑。剛要嘆氣，忽又想起，生猛海鮮衛生很難保證，自己的腸胃不太好，還是吃碗麵條最牢靠。

外出回家，寒風中候了多時，不見公共汽車來，剛想「打車」，一摸口袋很慚愧。牙一咬，乾脆走路好了，並告慰自己，現在抓住時機鍛

煉，將來老了拐杖可免。

偶爾學一學狐狸吃不到葡萄就說葡萄酸的思維方法，化不愉快為愉快，何樂而不為？也許會有人笑太「阿Q」的思考方式不怎麼樣，但阿Q也好，狐狸也罷，能給自己一個好心情最好。

疼痛也值得慶幸

一個中年人忽然癱瘓住院了，這讓他的家人和朋友都焦慮且著急。

病人臉色很好，心臟、脈搏都正常，但就是左半邊身子包括左腿和左胳膊沒有了知覺，一動也不能動不說，用拳頭捶，用手掐都沒有一點的感覺。

病人很憂鬱，有個父親帶著小孩去探望他，小孩在病房裡大聲喧嘩，於是，小孩的父親伸手去擰小孩的臉，頓時，小孩痛得尖叫起來。

病人嘆了口氣說：「我真羨慕孩子們啊！」

有人問：「羨慕小孩們的天真無邪？」

病人搖了搖頭。

有人問：「羨慕小孩子們的無憂無慮？」

病人又搖了搖頭。

又有人問：「是羨慕孩子們如花一般的年齡？」

病人還是搖了搖頭。長吁了一聲，病人兩眼淚水說：「我只是羨慕小孩子們那麼的敏感疼痛啊！」

大家一聽，都愣了。

這世界上，有羨慕金錢的、羨慕美酒的、羨慕鮮花的，有那麼多值得羨慕的東西而不去羨慕，怎麼會有人來羨慕疼痛呢？病人見大家不解，便嘆口氣解釋說：「我這種癱瘓，治來治去，不過就是為了能讓自己重新站起來。如今我這半邊身體形如枯木，用拳捶沒有知覺，用針刺沒有一絲反應，如果它能感覺到疼痛，那麼我就康復有望了。」是啊，

不知疼痛的漠然更讓人感覺到沮喪和可怕，它就像一根不能再綠的枯木，像熄滅了心靈上的最後希望。

如果一棵枯樹在遭遇斧鋸時還能流出疼痛的汁液，一個失去知覺的人還能感覺到些微的疼痛，那麼這種疼痛的感覺就是一種幸運，就是一縷希望和一絲福音。

生命最懼怕麻木，但有時不得不慶幸疼痛。心靈也是，麻木就意味著死亡，而疼痛則象徵著生命。從這個角度來看待疼痛，我們難道不應該為之而慶幸嗎？

不要開錯了窗

一個小女孩正趴在窗臺上，看窗外的人在埋葬她心愛的小狗，不禁淚流滿面，悲慟不已。她的外祖父見狀，連忙引她到另一個視窗，讓她欣賞他的玫瑰花園。果然小女孩的愁雲為之一掃，心情頓時明朗。老人托起外孫女的下巴說：「孩子，你開錯了窗戶」。

人生之旅，我們不也是常常開錯「窗」嗎？

為了得到某一種東西，我們便不惜一切代價去追求，而一旦得不到時，我們莫名的不知所措，執拗相信自己是不會錯的。其實，我們只是開錯了我們的那扇希望之窗。在沒得到之前，希望寄予所希望的事物之上，越積越大；而一旦真的得不到，那種希望會隨時被一種巨大的失落感所代替，這兩種既如波峰、又如波谷的情緒，完完全全是因為我們沒有開對「窗」的緣故。

開錯了「窗」，會使本來美好的事物變得暗淡無光；會使朋友間的友誼蕩然無存；會使戀人間的感情出現裂痕。因此，我們做任何事情的時候，都要考慮這扇「窗」能不能開，值不值得開，怎樣去開。

看下面這則寓言中，農夫的妻子是多麼的聰明。

有個農夫，他有兩個女兒，大女兒嫁給了一個菜農，小女兒則嫁給

了一個陶器工人。

有一天，農夫閒著沒事，便對妻子說：「我想看望兩個女兒了，我要去看看她們同自己的丈夫究竟過得怎麼樣。」

農夫先去看望大女兒。

「你過得怎麼樣，我的女兒？」他問道。

「很好，我的父親，我只盼天氣變化，能下場大雨，幫我們的菜園子澆水，那樣我們的收成將會更好。」女兒回答說。

當天下午，他又去看望嫁給陶器工人的女兒。

「親愛的，你好嗎？」他問道。

「很好，我的父親，」女兒回答說。「我只希望天氣老是這樣，陽光燦爛，別下雨，不然，我們晒的陶坯就會被雨淋壞了。」

農夫回到家後，下雨天為小女兒一家的陶器苦惱，天晴時為大女兒一家的菜園憂愁。他的妻子見他整天唉聲嘆氣，就對他說：「下雨天你為什麼不為大女兒高興，天晴時你為什麼不為小女兒歡呼呢？」

農夫聽了妻子的話，心情豁然開朗，從此臉上天天都是笑容。

事物的兩面性

英國紳士與法國女人同乘一個包廂。漂亮嫵媚的法國女人想引誘這個英俊的英國人，她脫衣躺下後就抱怨身上發冷。

紳士把自己的被子給了她，她還是不停說冷。

「我還能怎麼幫助你呢？」紳士沮喪問道。

「我小時候，媽媽總是用自己的身體給我取暖。」

「小姐，這我就愛莫能助了，我總不能跳下火車去找你的媽媽過來吧？」

這個男人是多麼的不解風情啊。但是仔細想想，這種不解風情在這個時候又是多麼的可愛！

懂風情的男人，要是他的風情只為你而「解」，那就完美了。而不解風情的男人雖有瑕疵，但他卻不易將風情「解」下送給別人。不光是男人，其實對於女人來說，解不解風情的道理均是如此。世間萬物都是這樣，有一得必有一失，有一失必有一得。

一名文學系的學生對寫小說非常著迷，立志要成為一位優秀的小說家。一次，他苦心撰寫了一篇小說，請作家皮普批評。因為作家皮普正患眼疾，他便將作品讀給皮普聽，讀到最後一個字時他停頓下來。看作家雙目微閉，神態悠然，似乎仍沉浸在他剛才朗讀的小說所描繪的情境當中。他輕咳一聲，皮普問：「結束了嗎？」聽口氣似乎意猶未盡，渴望下文。

這一問，煽起了無比激情，他立刻靈感噴發，馬上回答說：「沒有啊，下個部分更精彩。」他以自己都難以置信的構思敘述下去。將小說的情節一步步延展，自覺語不能罷。

到達一個段落，皮普又似乎難以割捨問：「結束了嗎？」

小說一定勾魂攝魄，叫人欲罷不能！他更興奮，更激昂，更富於創作激情。他不可遏止一而再，再而三接續、接續……最後，電話鈴聲驟然響起，才打斷了他的思緒。

電話找皮普有急事。皮普匆匆準備出門。「那麼，沒讀完的小說呢？」他問作家。

皮普莞爾：「其實你的小說早該收筆，在我第一次詢問你是否結束的時候，就應該結束。何必畫蛇添足、狗尾續貂。該停則止，看來，你還是沒能把握住情節脈絡，尤其是缺少決斷。」

決斷是當作家的根本，否則綿延逶迤，拖泥帶水，如何打動讀者？別說打動，像如此繁冗拖沓，豈不讓讀者心生厭惡？

他聽了作家的評論之後，沮喪不已。他認為自己過於受外界左右，難以把握文學的內涵，恐怕不是當作家的料。於是就不再痴迷於小說。

又過了一段時間，他遇到另一位作家蜜雪兒。當他羞愧地談及往事時，蜜雪兒驚呼：「你的反應如此迅捷，思維如此敏銳，編造故事的能力如此強盛，這些正是成為作家的天賦啊！假如正確運用，作品一定會脫穎而出。」

他聽了作家蜜雪兒的話後，恍然大悟。他不僅發現了自己有作家的潛力，更重要的是：他發現了事物原來都有兩面性。後來，如願成為專業作家的他，經常談到這段往事。他說：「每當我遇到麻煩事時，我總會從中找到有利的一面。這種習慣使我的生活充滿陽光。」

錯過也是一種美麗

如果你總是生活在記憶中的昨天，那麼你今天絕不會快樂。

人生在世，大抵都會錯過些什麼。一些人、事、職業、婚姻、機遇等等，都可能與我們擦肩而過。因而，當我們進入暮年，回首往事，總會發現自己有一些未了的心願，留下了這樣或那樣的遺憾。或許正因為如此，宋代大文豪蘇東坡面對人的悲歡離合和月的陰晴圓缺，也曾無可奈何地慨嘆過「此事古難全」。

也正是因為如此，人生才顯得匆匆而又匆匆。

然而，錯過也是人生一道獨特的風景，一種缺憾的美麗。

《紅樓夢》中的賈寶玉，與林黛玉失之交臂，錯過了，而後是和薛寶釵同結連理。於是便有了讀者對「寶姐姐」恨得咬牙切齒，罵她是個陰險狡猾的偽君子、女小人，儘管她同樣也是封建制度受害者。其實，如果說「陰險狡猾」應該非曹雪芹莫屬。試想，如果曹雪芹讓賈寶玉和林黛玉結婚生子，讓小倆口一同經歷抄家等變故，然後，老兩口過著茅椽蓬牖、瓦灶繩床、舉家食粥的生活，讓病快快的林黛玉一直活到90多歲，滿口牙掉光，臉皺得像只核桃，似乎沒有了遺憾。但這樣的《紅樓夢》你喜歡嗎？寶黛愛情還會讓我們盪氣迴腸嗎？所以，從一定意義

上說，正因為有了缺憾，才成就了《紅樓夢》，成就了曹雪芹，成就了藝術之美。

但生活畢竟是生活，不是藝術。因而，我們不能因為缺憾的美麗而去故意錯過，製造出缺憾，以這樣的方式去追求人生缺憾的美麗。因為這畢竟是一種虛幻的心靈上的感受，而我們卻永遠生活在現實之中。

有一個人，年輕時與一少女相戀多年。那少女活潑、開朗，能歌善舞，是個人見人愛的「黑牡丹」。可由於陰差陽錯，他們分手了，「黑牡丹」遠嫁他鄉，而那位朋友也早已為人夫、為人父。只是那位朋友覺得自己過得極其「不幸」，他覺得妻子這也不順眼，那也不遂心，長相不佳、吃相不佳、睡相不佳，總之妻子沒有一樣稱他的心如他的意，與羅曼蒂克的「黑牡丹」簡直不能同日而語。他的妻子常為此而黯然神傷，後來，索性放開他，准許他去異鄉看望他的夢中情人「黑牡丹」。那個人如遇大赦般去了，在三天兩夜的火車上，他設計種種重逢的浪漫，於是，他滿懷憧憬，敲開了「黑牡丹」的家門。

開門的是一個腰圍大於臀圍的黑胖婦人，一見面她就興趣盎然地對他大講泡酸菜的經驗，因為當時她正在泡酸菜，屋子洋溢著一片酸菜的味道。

這就是令他魂牽夢縈、朝思暮想的「黑牡丹」！

回家後，覺得妻子幾「相」俱佳，妻子也破涕為笑，從此兩人過得和諧美滿。

所以，既然人生注定了要錯過，那就讓它錯過好了，我們盡可以享受這美麗。可我們不能因此而忽視我們眼前的美麗。這才是一種正向的心態。否則，你錯過了太陽，還會錯過月亮。

到那時我們就大錯特錯了！

向壞心情說拜拜

　　有一位年輕人去找心理學教授，他對大學畢業之後何去何從感到彷徨。他向教授傾訴諸多的煩惱：沒有考上研究生，不知道自己未來的發展；女朋友將去一個人才雲集的大公司，很可能會移情別戀……

　　教授讓他把煩惱一個個寫在紙上，判斷其是否真實，一併將結果也記在旁邊。

　　經過實際分析，年輕人發現其實自己真正的困擾很少，他看看自己那張困擾記錄，不禁說：「無病呻吟！」教授注視著這一切，微微對他點頭。於是，教授說：「你曾看過章魚吧？」年輕人茫然地點點頭。

　　「有一隻章魚，在大海中，本來可以自由自在地遊動，尋找食物，欣賞海底世界的景致，享受生命的豐富情趣。但它卻找了個珊瑚礁，然後動彈不得，吶喊著說自己陷入絕境，你覺得如何？」教授是在用故事的方式引導他思考。他沉默了一下說：「您是說我像那隻章魚？」年輕人自己接著又說：「真的很像。」

　　於是，教授提醒他：「當你陷入壞心情的習慣性反應時，記住你就好比那只章魚，要鬆開抓住自己的八隻手，讓它們自由遊動。抓住章魚的是自己的手臂，而不是珊瑚礁。」

　　人心很容易被種種煩惱和物欲所捆綁。那都是自己把自己關進去的，是自投羅網的結果，就像蠶作繭自縛。大多數人的壞心情，都是因為自己想不開，放不下，一味的固執而造成的。壞心情猶如人心靈中的垃圾，它是一種無形的煩惱，由怨、恨、惱、煩等組成。清潔工每天把街道上的垃圾帶走，街道便變得寬敞、乾淨。假如你也每天清洗一下內心的垃圾，那麼你的心靈便會變得愉悅快樂了。

　　人的心好比房子，裡面若是裝滿了壞心情，自然沒有好心情的立足之地。現在開始，請趕走自己心中的壞心情，以迎接好心情的入駐。

第五章
當不公平從天而降

在這個世界的每一個角落。似乎都充滿了抱怨與控訴。

為什麼好心沒有好報？

為什麼我的機會那麼少？

為什麼一分耕耘換不回一分收穫？

為什麼，為什麼……太多的為什麼，卻很少有人找到真正的答案。

於是，怨天尤人、悲觀宿命之類的行為與思想甚囂塵上：不是我做得不好，而是人心太險惡；不是我付出太少，而是我命中注定劫難難逃……總之，是上天不公、世道不平，才造就了我的今日。

可以說，「不公平」是經常滋生在我們心中的一個念頭。這個念頭讓我們痛苦、無助。

一味愚蠢地強求始終公平，是心胸狹隘者的弊病之一。

—— 愛默生（Ralph Waldo Emerson）

生活是不公平的，而所謂的公平，則是把一切看得到的不公平掩埋起來。

—— 塞涅卡（Lucius Annaeus Seneca）

世界不是以你為中心來運轉的，你必須按照規則來生活，而不是生活照你的意思來改變。因此，你必須改變你自己來適應這個世界。

—— 拉蒂特

認為世界不公平的人，你可曾以一顆公正的心對待世界？

—— 海貝爾（Johann Pachelbel）

付出就一定有回報嗎

有道是「一分耕耘一分收穫」，或云「世間自有公道，付出總有回

報」，但是在真正的現實生活中都是這樣的嗎？

不是每一朵花，都能結出飽滿的果實；不是每一滴汗水，都能帶來歡笑；不是每一份付出，都可以有回報。有些時候，我們的付出並沒有什麼回報，所有的付出只是「付之東流」。當你總是用真誠去關心、了解別人時，收到的卻是冷漠；當你做什麼都總是為別人著想時，別人卻認為這是理所當然的事……

付出沒有回報的原因有很多。原因之一是你的付出投錯了地方，就像你想要在死海中釣一尾鱒魚一樣，怎樣的努力也白搭。你不改變策略，你的付出就注定會打水漂。世界萬物的運動都是有規律的。人們不管做什麼事情，都要尊重客觀世界的規律，遵循客觀世界的規律。凡是違背客觀世界規律的事，不管付出多少，最後的結局必然是失敗，而且付出越多失敗越慘。

此外，就算你將努力與付出用對了地方，也不見得一定有回報。三月播種四月插秧，農民在田間忙碌，但一場突如其來的洪水就足以讓他們顆粒無收，甚至於無家可歸，還提什麼回報啊！

不是所有的春華都會有秋實，不是全部的付出都有回報。不要再執著於「付出總有回報」之中；否則一旦付出之後沒有回報，便會心有不平，大發牢騷，怨天尤人，詛咒老天不公。人在這種心態與情緒之中，最容易走向極端。

不過，儘管付出不一定有回報，但這絕不能成為我們懶惰頹廢的藉口。因為：不付出就一定沒有回報。有則笑話是這樣的：有個人整天拜著菩薩，請求菩薩保佑他的彩票中大獎。可是他拜了很多次菩薩，願望還是沒有實現。這個人終於氣憤質問菩薩為什麼不保佑自己。菩薩說：「我也想幫你一回，但你也得先買彩票，我才能讓你中獎啊！」

透著幾分荒唐的笑話，其實也說明了一個道理：不付出就一定沒有回報！

　　既然付出不一定有回報，而不付出一定沒有回報。我們當然只有選擇付出了。只是，在付出沒有得到回報的時候，不要過於生氣，要冷靜想一想原因。事實上，我們的付出沒有回報很多時候是一個表像，有些回報是無形的。愛迪生發明燈絲時付出了 N 次還沒有回報，但愛迪生認為他有回報 —— 他知道了 N 種材料不適合製作燈絲。果然，他在第 N+1 次實驗時成功了。

　　如果你對於付出與回報之間的關係能夠清楚了解，那麼在付出很多即使沒有得到自己想要的東西時，也就不會有那麼多的挫折感，也就不會輕易滋生出憤怒與抱怨。

是心不平還是事不平

　　惠能大師在法性寺，看到兩個和尚在飄動著法幡的旗杆下面爭吵不休。

　　一個和尚大聲叫道：「明明就是旗子在動嘛！這有什麼好爭論的？」

　　另一個和尚反駁道：「沒有風，旗子怎麼會動？明明就是風在動嘛！」

　　兩人爭論不休，誰也不服誰，周圍很快聚了一堆看熱鬧的人。大家都議論紛紛，莫衷一是。

　　惠能大師搖頭嘆氣，走上前對眾人說：「既不是風動，也不是旗動，而是你們大家的心在動啊！」

　　「旗動風動」都是立場之爭，二者是互動的。不管旗動風動都是外在的，不是我們能主導的，只有心動才是自己能掌控的，就像人們在看待公平不公平這件事上，很多時候根本就不是事情不平，而是自己的心不平。這也像太陽下本來就是亮的，而某人戴著一副墨鏡拚命埋怨世界太陰暗一樣可笑。

　　有的人睡不著覺，會從自身找原因；而有的人卻喜歡抱怨床歪了。每個人都有自己的一套評判標準，然後根據這套標準來定義外界。

　　陸冰在進入公司三年後，突然發現職場生活不順遂。按說，在公司裡的同一個職位上經過三年的歷練，他應該在工作中「混」得如魚得水才對。可他最近兩個月感覺很吃力 —— 因為公司老闆總是分派一些額外的、不屬於他本職工作範圍裡的事情讓他去做。為了完成手邊額外的工作，他不得不經常加班。原先悠閒的生活節奏完全被打亂了，陸冰心理不太舒服，感覺老闆這樣子對待自己不公平。公司那麼多的人，為什麼偏偏老是把所有的事情讓自己來扛？

　　不過鬱悶歸鬱悶，他既然端了人家的飯碗，在職業道德的約束下，他還是努力地做好所有的事情，只在回家後倒苦水。一次，在加班後回到家裡，正趕上岳父大人來看望他們。陸冰一通苦水還沒有倒完，就聽到岳父高興祝賀他：「恭喜你，你要升職了！」原來，岳父根據他幾十年的企業管理經驗，推斷出這是陸冰升職的訊號。

　　陸冰聽了岳父的說法，心裡頓時亮起來，原先「不公平」的陰霾一掃而空。可見，人們心中所謂的「不公平」，常常之是一個很自我的評判。後來陸冰是否升職其實並不重要，即使他沒有升職，他不也透過額外的工作獲得了更多的職業能力、拓展了更寬的職業發展道路，何況他加班還賺了一些加班費。從這一個角度來看，無論結果如何，都不存在「不公平」。

　　心一平了，氣就消了，「不公平」的也「公平」了。能想到這一層的人，還會有什麼想不開的呢？

梨子樹的啟示

　　一棵蘋果樹終於開花結果了，它非常興奮。

　　第一年，它結了 10 個蘋果，9 個被動物摘走，自己得到 1 個。對此，蘋果樹憤憤不平，於是自斷經脈，拒絕成長。

　　第二年，它結了 5 個蘋果，4 個被動物摘走，自己得到 1 個。「哈

哈，去年我得到了 10%，今年得到 20%！翻了一倍。」這棵蘋果樹心理平衡了。

而它旁邊的梨子樹，第一年也結了 10 個蘋果，9 個被摘走，自己得到 1 個。他繼續成長，第二年結了 100 個果子。因為長高大了一些，所以動物們沒那麼好採摘了，它被摘走 80 個，自己得到 20 個。與蘋果樹同樣是從 10% 到 20%，但果子的數目卻相差 20 倍。

第三年，梨子樹很可能結 1000 個果子……

其實，再成長過程中得到多少果子不是最重要的，最重要的是樹仍在成長！等果樹長成參天大樹的時候，你自然就會得到更多。

我們在工作中，也如同一株成長中的果樹。剛開始參加工作的時候，你才華橫溢，意氣風發，相信「天生我才必有用」。但現實很快敲了你幾個悶棍，或許，你為單位做了大貢獻卻沒什麼人重視；或許，只得到口頭重視但卻得不到實惠；或許……總之，你覺得自己就像那棵蘋果樹，結出了果子，自己只享受到很小一部分，看起來很不公平。

為什麼付出沒有回報？為什麼為什麼為什麼……你憤怒、你懊惱、你牢騷滿腹……最終，你決定不再那麼努力，讓自己所付出的對應自己所得到的。

不久之後，你發現自己這樣做真的很聰明，自己安逸省事了很多，得到的並不比以前少；你不再憤憤不平了，與此同時，曾經的激情和才華也在慢慢消退。但是，你已經停止成長了，而停止成長的人，還有什麼前途呢？

這樣令人惋惜的故事，在我們身邊比比皆是。之所以演變成這樣，是因為那些人忘記生命是一個歷程，是一個整體，總覺得自己已經成長過了，現在是到該結果子收穫的時候了。他們因太過於在乎一時的得失，而忘記了成長才是最重要的。

有一位年輕人在一家外貿公司工作了 1 年，而且苦活累活都是他

做，薪水卻最低。他曾試探性與老闆談了待遇問題，但老闆沒有任何給他調工資的跡象。

這個年輕人本來想混日子算了，同時騎驢找馬另尋他路。當年輕人把自己的想法告訴了一位年長的朋友，他的朋友建議他：「出去試試也不錯，不過，你最好利用現在這個公司作為鍛煉自己的平臺，從現在就開始更加努力工作與學習，把有關外貿大小事務盡快熟悉與掌握。等你成為一個能手之後，跳槽時不就有了和新公司討價還價的本錢了嗎？」

年輕人想想朋友的建議也有道理。利用現在這樣一個有工資的學習條件，自然是不錯。

又是一年後，朋友再次見到了這位昔日不得志的年輕人。一陣寒暄過後，問年輕人：「現在學得怎麼樣？可以跳槽了吧？」年輕人興奮中夾雜著不好意思，回答道「自從聽了你的建議後，我一直在更加努力學習和工作，只是現在我不想離開公司了。因為最近半年來，老闆給我又是升職，又是加薪，還經常表揚我。」——看看，這就是一個「成長」的人的收穫。你長得越大，別人就越不敢怠慢你。退一步說，即使被怠慢了，你一身好武藝，何愁沒前途？

站到別人的立場想一想

朋友老張告訴我，現在他才終於明白老闆為什麼一個個都那麼小氣了。老張之所以明白了，是因為不久前他辭職當了老闆。在給別人打工時，不少人總喜歡埋怨老闆刻薄，不公平；而等到自己真正當了老闆時，才知道老闆也有老闆的難處。

在工作與生活中，很多不平之氣其實是源於「各執一端」。你在你的立場上看，老闆刻薄得要死；老闆站在老闆的立場上看，又覺得自己厚道得有點過了。如果你遭受了不公平，不要急著控訴、抗爭或苦惱，不妨先進行一下換位思考。

　　所謂換位思考，指的是換個位置，設身處地站在對方的立場來看事情。處於不同位置的人們，對事情都有著不同的看法。員工有員工的立場，老闆有老闆的立場；丈夫有丈夫的立場，妻子有妻子的立場。立場不同，對同一事物的感受就會不同。例如丈夫不做家務，對於妻子來說也許不公平，但假設站在丈夫的立場，丈夫工作一天累了，回家不想動，似乎也不算是什麼大的錯誤。而嘮叨的妻子固然惹丈夫煩，但只要想想妻子在家一天都沒有多少人陪他說話，好容易等丈夫下班了有機會多說幾句，似乎也在情理之中。

　　有一句話是這樣說的：「看一個人的智力是不是上乘的，就看他會不會經常進行換位思考。」實際上，在進行換位思考的同時，我們也正逐步靠近真理。從社會的角度來講，相互理解、換位思考是建立和諧社會的基礎；從個人的角度來說，換位思考是保障自身利益的明智選擇。生活在這個社會中的每一個人，都有一個公開的、對外的身分，這就決定了人們往往習慣於站在自己的立場上為人處世和思考問題。

　　明白了這些，下次再在我們感覺受到不公平的對待時，當我們為獲得所謂的公平而不依不饒時，我們不妨先問問自己：「如果我是對方會怎麼樣？」也許會因為你立場的變化而改變。海爾公司的總裁曾親自砸爛未能通過品質檢測的不合格冰箱，因為他知道如果他是消費者，一定會因新買來的洗衣機出現故障而煩惱。松下公司對一位犯了重大事故的員工並未做出開除或是降薪的處罰，因為公司領導知道，如果他是那位員工，一定會對自己的失誤給公司造成的巨大經濟損失心存懊悔。這樣的換位思考，使海爾電器暢銷全球；這樣的換位思考，使松下公司凝聚力大大提高。

　　當我們學會並做到換位思考的時候，我們會發現原來生活其實很美好，每一天的心情都是很好的。如果你在生活工作中遇到了什麼不開心的事情，先試著換位思考一下，這時候心裡就不會覺得彆扭了。

換位思考是一種閃耀的智慧，是一種理性的牽引。換位思考能產生一種巨大的人格力量，有強大的凝聚力和感染力，它就如清泉，澆滅嫉妒的焦慮之火，可以化衝突為祥和，化干戈為玉帛。其實，換位思考並不是什麼深奧的東西，它存在於生活中的每個角落。我們少一點隨意，別人就多一些輕鬆：我們少一些刻薄，別人就多一些寬容。

拋棄狹隘的公平

一位年輕貌美的少婦曾向人們訴說自己五年不愉快的婚姻生活。她的丈夫因為一句話沒說好，就會惹她生氣，她會大發雷霆地說道：「你怎麼可以這樣說，我可是從來沒有向你說過這樣的話。」當他們提到孩子時，這位少婦說：「那不公平，我從不在吵架時提到孩子。」

「你整天不在家，我卻得和孩子看家。」……

她在婚姻生活中處處要公平，難怪她的日子過得不愉快，整天都讓公平與不公平的問題困擾自己，卻從不反省自己，或者沒法改變這種不切實際的要求。如果她對此多加考慮的話，相信她的婚姻生活會大大改觀。

還有一位夫人，她的丈夫有了外遇，使她感到萬分傷心，並且她還弄不明白為什麼會這樣？她不斷問自己「我到底有什麼錯？我哪一點配不上他？」她認為丈夫對她的不忠實在是太不公平。終於，她也效仿自己的丈夫有了外遇，並且認為這種報復手段可謂公平。但是，和願望相反，她的精神痛苦並未減輕。

狹隘的公平是：你這樣做了，我也要這樣做；我那樣做了，你也要那樣做。比如，你週末去釣魚了，我也要去郊遊。或者，我請你吃了飯，你就要回請。人們常常認為這樣做才是懂禮貌、有教養。然而，這實際上僅僅是保持公平的一種做法。

在愛人對你表示親熱之後，總要回吻，要不就是說「我也愛你」，

而不會自己選擇表達感情的時間、方式和場所。這說明在一般人看來，接受了別人的親吻或「我愛你」而沒有相應的表示，就是不公平的。

認為「如果他能這樣做，我也可以這樣做」，用別人的錯誤行為來為自己的錯誤辯解，用這種錯誤的理由解釋自己的作弊、偷竊、欺詐、遲到等不符合通常價值觀念的行為。例如，在公路上開車時，一輛車把你擠到了路邊，你也要去擠他一下；一個開慢車的人在前面擋了你的路，你也要趕上去擋他一下；迎面來車開著大燈晃了你的眼，你也要打開自己的大燈。實際上，你是因為別人違反了你的公正觀念，而拿自己的性命賭氣。這就是在孩子們中間經常出現的「他打了我，所以我要打他」的做法，而孩子們則是在多次見到父母的類似行為之後才學會這樣做的。如果這種「以眼還眼、以牙還牙」的報復做法擴大到國家關係上，就會導致戰爭。

「為什麼是我？」一位得知自己罹患癌症的病人對大師哭訴，「我的事業才正要起步，孩子還小，為什麼會在此時得這種病？」

大師說：「生命中似乎沒有任何人、任何時候，適合發生任何不幸，不是嗎？」

「但是，她還那麼年輕，而且人又那麼善良，怎麼會這樣？」一旁陪她來的朋友不平地說。

「雨水落在好人身上，也會落在壞人身上。」大師說，「有些好人甚至比壞人要淋更多的雨。」

「為什麼？」

「因為壞人偷走了好人的傘。」大師答道。

沒錯，人生本來就不公平。

如果世界上每件事都公平，為什麼有些人從小就是天才，有些人卻是弱智？為什麼有人生下來就是王子，有些人卻生在難民營？

如果世界上每件事都要公平，鳥兒不能吃蟲，老鷹也不能吃鳥，那

麼生命將如何延續下去？

　　人世間的紛紛擾擾，又豈是「公平」二字能規範得了的？生不公平，有人生於富貴人家，有人生於茅屋寒門；死不公平，有人英年早逝，有人壽比南山。生與死都不公平，我們又拿什麼來要求處於生死之間的人生旅程事事公平？

　　看了上面的話，也許有人很沮喪：難道人世間就沒有了公平嗎？不是的，人世間不僅有公平，而且在絕大多數情況下是公平的。正是因為有了公平的存在，我們才能看到不公平；也正因為公平存在於大多數正常人的頭腦之中，不公平才會如此刺眼。

　　值得注意的是，公平需要放在一個較長的時間裡去看。唐僧師徒過了九九八十一難才取回真經，如果只過了八八六十四難，付出是付出了，但依然是沒有回報的。在一個足夠的時間與空間內，社會是公平的，但我們不可能在任何時候、任何地點、任何事情都強求絕對的公平。山有高有低，水有深有淺。這個世界，不存在絕對的公平。如果我們事事要求公平，必然會陷入憤怒與過激之中。愛默生說：「一味愚蠢強求始終公平，是心胸狹隘者的弊病之一。」

　　一個人聽數學老師說拋擲硬幣時，正反面朝上的機率各半。他擲第一次時，是正面。第二次，還是正面。第三次，還是正面。這不公平！這個人怒氣沖沖扔掉硬幣，氣憤地找老師算帳。其實，儘管我們不能保證他第四次拋擲硬幣會變成反面朝上，但我們能保證他拋擲一千次、一萬次，正反面朝上的次數會基本接近。想想這個很容易理解的例子，也許你能在遭受所謂的不公平時，會釋然很多。

帶著感恩上路

　　說到「感恩」，常人一般首先想到的是「投桃報李」式的報恩。其實，「感恩」的內容絕不僅限於此。殘酷的命運，陰險的敵人，朋友的

陷害……如果你換一個角度，都值得感恩。

　　也許，很多人會對於上面的說法感到不解。因此我們常常聽到身邊的人不斷的抱怨，抱怨與詛咒，然後仰首大呼，老天不公平！

　　老天真的不公平嗎？天生萬物養你，珍貴的陽光、空氣、鳥語、花香，何曾疏忽與怠慢過你？而所有你成長路上的磨難，換一個角度來說，也是上天助你成器的一種磨練。鐵不經冶煉與鍛打，如何成鋼？

　　一個有感恩之心的人，看待問題不會偏激，想事情不會只光顧自己。這樣的人，優雅而又成熟。帶著感恩上路，你要 ——

　　感激養育你的人，因為他給予了你的生命；

　　感激教育你的人，因為他豐富了你的心靈；

　　感激關愛你的人，因為他教會了你的付出；

　　感激鼓勵你的人，因為他調動了你的激情；

　　感激重用你的人，因為他挖掘了你的潛力；

　　感激信任你的人，因為他認可了你的人格；

　　感激表揚你的人，因為他肯定了你的實力；

　　感激糾正你的人，因為他加速了你的成熟；

　　感激欣賞你的人，因為他增加了你的自信；

　　感激啟迪你的人，因為他提升了你的智慧；

　　感激傷害你的人，因為他磨礪了你的意志；

　　感激欺騙你的人，因為他喚醒了你的良知；

　　感激折磨你的人，因為他鍛煉了你的毅力；

　　感激放棄你的人，因為他磨練了你的自立；

　　感激打擊你的人，因為他強化了你的能力；

　　感激批評你的人，因為他拓寬了你的心胸；

　　感激詆毀你的人，因為他培養了你的虛心；

感激陷害你的人，因為他擦亮了你的雙眼；

感激拒絕你的人，因為他加強了你的思考；

感激詛咒你的人，因為他賜予了你的佛心。

只有心懷感恩的人，才能真正體會到什麼是幸福，心懷感恩的人才能真正了解什麼是偉大，也只有心懷感恩的人才會擁有海洋般的胸懷和至純至善的愛 —— 出自對一切生物的關愛和感激的愛。

生活在給予我們挫折的同時，也給予了我們堅強。酸甜苦辣不會都是你人生的追求，但一定是你人生的全部。人生的風風雨雨，若用一顆感恩的心來體會，你會發現不一樣的人生。不要因為冬天的寒冷而失去對春天的希望。我們要學會感謝，感謝四季的輪迴給了我們不一樣的體驗，讓我們能夠春種秋收。擁有了一顆感恩的心，你就沒有了埋怨，沒有了嫉妒，沒有了憤憤不平，你就有了一順從容淡然的心！

讓我們一起帶著感恩上路！

感恩是一種應有的心態。常懷感恩的人，才能以正向的心態處事；常懷感恩的人，才能不怨天尤人；常懷感恩的人，才能坦然面對一切。不要面對人生中的那一點不順，不必抱怨：不要抱怨上天的不公，不要抱怨人情的淡薄和人性黑暗，不要抱怨命運的多舛和時運不濟……不論身處何種境地，只要常懷感恩之心，就會感覺到身邊的溫暖，覺察到在你的身邊，還有許多人在默默支持你、祝福你。常懷感恩之心的人，必將擁有自信、自尊和超越自我的力量。當你失敗時，感恩的力量會助你前行；成功時，感恩的力量會讓你不驕傲。

生命之河因感恩而不再乾涸，感恩讓生活不再荒蕪。

帶著感恩上路，我們且歌且行。

變生氣為爭氣

　　人生難免或多或少受到一些不公平的對待。許多人在這個時候常常會生氣：生怨氣、生悶氣、生閒氣、生怒氣……殊不知，生氣，不但無助於問題的解決，反而會傷害感情，弄僵關係，使本來不如意的事變得更加不如意，猶如雪上加霜。更嚴重的是，生氣有害於自己的身心健康，簡直是在「摧殘」自己。

　　古希臘學者伊索說：「人需要平和，不要過度生氣，因為從憤怒中常會對易怒的人產生重大災禍。」俄國作家托爾斯泰（Leo Tolstoy）說：「憤怒使別人遭殃，但受害最大的卻是自己。」清末文人閻景銘先生寫過一首《不氣歌》，頗為幽默風趣：

> 他人氣我我不氣，我本無心他來氣。
> 倘若生氣中他計，氣出病來無人替。
> 請來醫生將病治，反說氣病治非易。
> 氣之為害太可懼，誠恐因氣將命廢。
> 我今嘗過氣中味，不氣不氣真不氣！

　　美國生理學家愛爾馬，為了研究生氣對人健康的影響，進行了一個很簡單的實驗：把一支玻璃試管插在有水的容器裡，然後收集人們在不同情緒狀態下的「氣水」，結果發現：即使是同一個人，當他心平氣和時，所呼出的氣變成水後，澄清透明，一無雜色；悲痛時的「氣水」有白色沉澱；悔恨時有淡綠色沉澱，生氣時則有紫色沉澱。愛爾馬把人生氣時的「氣水」注射在大白鼠身上，不料只過了幾分鐘，大白鼠就死了。這位專家進而分析：如果一個人生氣 10 分鐘，其所耗費的精力，不亞於參加一次 3000 公尺的賽跑；人生氣時，體內會合成一些有毒性的物質。經常生氣的人無法保持心理平衡，自然難以健康長壽，被活活氣死者並不罕見。另一位美國心理學家斯通博士，經過實驗研究表明：

如果一個人遇上高興的事，其後兩天內，他的免疫能力會明顯增強；如果一個人遇到了生氣的事，其免疫功能則會明顯降低。

杜絕生氣的另一種可行辦法是：變生氣為爭氣。美國酒店經營企業家希爾頓在年輕時比較貧窮。有一次他進飯店吃飯，因為衣著寒酸，被服務員冷落了好久。等到服務員終於上來服務，也是一副打發乞丐的模樣。希爾頓順手翻了翻菜譜，服務員就不耐煩了，說：後面的你就別看了，你要的都在前面這一頁。為什麼這麼說呢？因為後面的菜都是比較貴的。希爾頓被服務員的話給氣得不行，心想來的都是客，這樣子對我也太不公平了吧？但他還是壓制住自己的怒火，點了一樣他消費得起的便宜菜。

飯吃完後，希爾頓的火氣也慢慢消了。他心中有了一個念頭：將來一定要買下這家飯店！當然，他後來的發展不止是買下一家酒店，而是在全世界擁有最著名的飯店管理集團，這就叫變生氣為爭氣。

每個人都希望被人重視、受人尊重、受人歡迎，但有時又難免被人嘲弄、受人侮辱、被人排擠，生活給了我們快樂的同時，也給了我們傷痛的體驗。而這就是生活，這就是我們需要面對的人生。有的人能夠很坦然面對一切，痛並快樂著；有的人卻成天為一點小事火上心頭，或者悲觀喪氣，怨天尤人。其實，很多時候不過是自己小肚雞腸，去斤斤計較那些虛無的名利，而把所有的責任都推到別人的身上。我們為什麼不想想，如果我們自己足夠優秀，別人還會對你冷眼嘲諷嗎？所以，讓自己快樂的最好辦法就是自己去爭氣，去做得更好，在人格上、在知識上、在智慧上、在實力上使自己加倍成長，變得更加強大，使許多問題迎刃而解。這就是所謂生氣不如爭氣的精髓。

人活著就是爭一口氣，這口氣不是生氣而是爭氣。不過，要爭氣就得有志氣。人最大的敵人就是自己，能戰勝自己的才算堅強，而戰勝別人的人只不過是有力量而已。不僅如此，一個人的成功主要還不在其有

多高的天賦，也不在其有多好的環境，而在於是否具有堅定的意志、堅強的決心和明確的目標。而整體實力才是唯一的通行證，也是最可靠和有效的通行證，認識到這一點，你才能暢行無阻。

我們看過一篇文章：〈一定要爭氣〉。文章講述的是著名生物科學家童第周的故事。在童第周 28 歲那年，他到比利時去留學，跟一位在歐洲很有名氣的生物學教授學習。一起學習的還有別的國家的學生。外國學生瞧不起別的國家來的學生，經常譏笑與蔑視童第周。童第周暗暗立下志向：一定要爭氣。

幾年來，童第周的教授一直在做一項難度很大的實驗，但做了幾年也沒有成功。童第周刻苦鑽研，反覆實踐，終於成功了。那位教授興奮地說：「童第周真強！」這件事震動了歐洲的生物學界，也爭了氣。

人人生而平等，為什麼外國人要瞧不起我？這種不公平的待遇，似乎真的值得童第周生氣。但光生氣有什麼作用？生氣僅僅是一種情緒化的表現而已，僅僅停留在口頭或拳頭之上。但爭氣卻是一種實實在在的行動反擊。爭氣不是說有就有的，要靠努力才可以實現。爭氣值得喝彩，爭氣值得鼓勵，爭氣是最值得人人都學習的。總之，生氣是一種消極的發洩，而爭氣才是一種積極的作為。

爭氣不是爭一時之意氣，而是應該考慮到整體形勢，不利於己時就忍一忍、讓一讓，百忍方成金，不看情況就去爭鬥的人，只不過是匹夫之勇罷了。能忍住眼前之氣，同樣是一種可貴的心性，更是一種難得的智慧，忍小氣才可以得大益；忍在大處，才能贏在大處。生於戰國末年的張良本來名叫姬良，他是韓國的名門之後，其祖父和父親相繼為韓相國，侍奉過五代君王。在西元前 230 年，韓首當其衝遭秦滅。從貴冑公子淪落為亡國之奴，20 歲出頭的姬良一度壓不住他對秦王的怒火，衝動想學荊軻去刺殺秦王。在西元前 218 年，他孤注一擲地發動了行刺，結果事情未成反而險些讓自己喪命。僥倖逃脫後，姬良改姓張良，

在躲避秦王的通緝中幸遇圯上老人。圯上老人刻意侮辱張良，讓張良明白自己身上的使命是滅暴秦而非殺秦王。一個身負重大使命的人，看事物的眼光驟然開闊，心胸也不再狹窄。後來，張良以他堅毅的忍耐力、冷靜的思考力，輔助劉邦滅秦誅楚，建立了一番偉大的功業。

德國哲學家康德（Immanuel Kant）說得好：生氣是拿別人的錯誤來懲罰自己。睿智的話從來就不深奧，康德的話很好理解。一個人若生氣，大抵是受了不公平的待遇，挨老闆錯罵，被戀人背叛……種種，似乎皆不是你的錯。那你為什麼還要拿別人的錯誤來懲罰自己，讓自己第二次受到傷害？如果一定要說你也有錯的話，應該是你做得還不夠優秀。再努力一點，做老闆不可或缺的臂膀，他不光會減少錯罵你的次數，甚至連批評也許都會斟字酌句。再優秀一些，活出一個精彩的你，讓背叛的人後悔去吧！

「生氣」與「爭氣」雖然只是一字之差，態度卻是大不相同：生氣是做人上的失敗，爭氣是做事上的成功。所以，碰上生氣時抱怨少一點，擔心少一點；平靜多一點，穩重多一點。生活就是這樣，你看得開便滿眼鮮花；看不開就是滿眼荊棘。

如果受傷的總是你

一位女士找到人際關係大師卡內基（Dale Carnegie），向他訴苦說：為什麼我身邊的每一個人總是和我作對？卡內基回答：那一定是你的錯。

如果很多人都喜歡欺侮你、整你、算計你，錯的一定不是別人，而是你自己。

有個客人在機場搭上一輛計程車。這輛車地板上鋪了羊毛地毯，地毯邊上綴著鮮豔的花邊。玻璃隔板上鑲著名畫的複製品，車窗一塵不染。客人驚訝對司機說從沒搭過這樣漂亮的計程車。

「謝謝你的誇獎。」司機笑著回答。

「你是什麼時候開始裝飾你的計程車的？」客人問道。

「車不是我的，」他說，「是公司的，多年前我本來在公司做清潔工人，每輛計程車晚上回來時都像垃圾堆。地板上盡是煙蒂和火柴頭，座位或車門把手甚至有花生醬、口香糖之類黏黏的東西。我當時想，如果有一輛保持清潔的車給乘客坐，乘客也許會多為別人著想一點。」

「我在領到計程車司機牌照後，便馬上照那個想法做。我把公司給我駕駛的計程車收拾得乾淨明亮，又弄了一張薄地毯和一些花。每個乘客下了車，我就查看一下車子，一定要替下一個乘客把車準備得十分整潔。」

「從開車到現在，客人從沒有令我失望過。從來沒有一根煙蒂要我撿拾，也沒有什麼花生醬或霜淇淋蛋筒尾，更沒有一點垃圾。先生，就像我所說的，人人都欣賞美的東西。如果我們的城市裡多種些花草樹木，把建築物修得漂亮點，我敢打賭，一定會有更多人願意有垃圾桶。」

坐計程車的客人不講究衛生，這是很多計程車遇到的一個大難題。上面的這位計程車司機的高明之處在於，不埋怨、不抱怨，不從別人身上找缺點，只從自己身上找原因。結果，他的事情做得很到位，一切問題都解決了。

記住，只有平庸的人才喜歡找外界不是的理由，卻不願意審視自己的不是。他們看得見別人臉上的灰塵，卻看不見自己鼻子上的污點。而強者們卻總是在調整自己、提高自己，努力將自己打造成一個與外界和諧的人。

第六章
返璞歸真中的大自在

你是否常常會覺得做人辛苦、處世艱難？其實，這些辛苦與艱難，大多是來自於你個人。人本是人，根本就不必刻意去做人；世本是世，也無須精心去處世——這是自在人生提倡的宗旨。

禪宗認為參禪的三重境界：參禪之初，看山是山，看水是水；禪有悟時，看山不是山，看水不是水；禪中泗悟，看山仍然是山，看水仍然是水。人之一生，其實也經歷著參禪的三重境界。

涉世之初，人們都單純得很，就像小孩般天真。人家告訴他這是山，他就認識了山：告訴他這是水，他就認識了水。凡看到的、聽到的，以為都是真的。這時候的人是快樂的。

但很快，快樂就逐漸消逝了。因為他發現了世界的不確定以及虛偽。紅塵之中一切似真似幻，似真還假，人很容易在現實裡迷失了方向，隨之而來的是迷惑、彷徨、痛苦與掙扎。這時的山自然不再是單純的山，水自然不再是單純的水。大多數人在第二重境界裡走完了一生的旅程。他們追求一生、勞碌一世，最後要不是沒有達到自己的理想，或者達到理想後，發現那並不是自己想像中的美好。

只有少數人在人生的歷練中，對世事、對自己的追求有了一個清晰的認識，知道自己追求的是什麼，要放棄的是什麼。人這個時候便會專心致志做自己應該做的事情，不再與旁人有任何計較。任你紅塵滾滾，我自清風朗月。面對世俗之事，一笑了之，了了有何不了。這個時候的人看山又是山，看水又是水了。

從看山是山，到看山不是山，再到看山是山，人生的軌跡繞了一大圈，似乎又回到了起點。在返璞歸真之中，包含著人生的大智慧、大自在。

憂慮是一把無形的匕首，它會刺向你的身體，傷害你的精神。

——卡內基

身是菩提樹，心如明鏡臺；時時勤拂拭，勿使惹塵埃。

—— 神秀

熱愛別人，被別人熱愛；永遠追求，尋找快樂，忘記悲傷—這就是生活的意義。

—— 喬西婭

憂勤是美德，太苦則無以適性怡情。

—— 洪應明

幸福來自快樂的交流和心靈的融洽，生活中越簡單的事物越能給我們帶來快樂與滿足。

—— 貝卡

等等靈魂

在墨西哥，有學者要到高山頂上印加人的城市去，他們雇了一群印加挑夫運送行李。

在途中，這群挑夫突然坐下來不走了，學者催促他們也沒有效果，並且一坐就是幾小時。

後來，他們的首領才說出挑夫不走的理由。因為他們覺得人要是走得太快了，就會把靈魂丟在後面，他們走了一段時間，現在需要等等靈魂。

首領說：「每當我們急行了三天，就一定要停下來，等等靈魂。」

人走得太快，要是不停下來等一等的話，就會丟失靈魂！這話真是讓人聽了如醍醐灌頂。我們為了更好生活，為了實現自身價值，努力奔跑，甚至玩命拚搏。人生很短暫啊，要抓緊時間莫虛度啊……結果，我們一個個都成了與時間賽跑、與命運決鬥的機器。

　　什麼才是盡頭呢？家財萬貫？官拜正部……如果不知道停歇的話，永遠沒有盡頭。《菜根譚》裡有這樣一句話：「憂勤是美德，太苦則無以適性怡情。」這句話其實和墨西哥土著所謂的「靈魂丟失」說有異曲同工之妙。這句話的大意是說，盡心盡力去做是一種很好的美德，但是過於辛苦投入，就會讓自己失去愉快的心情和爽朗的精神。靈魂也好，愉快的心情和爽朗的精神也罷，都是人的幸福之本。沒有靈魂，人不過是行屍走肉而已；沒有愉快的心情和爽朗的精神，還有什麼人生的樂趣呢？

　　年輕時，是人生最應該努力奮鬥的時候，努力奮鬥是一項優秀的品德，但努力也應該講求時機，有所限度。不少年輕人都難免有為別人而活的感慨：為公司、為社會、為父母、為老婆、為孩子、為朋友、甚至為鄰居 —— 有些是你的義務，有些是你的責任，正值當年的你在很多事情中忙得團團轉，很難騰出時間與精力去做自己真正想做的事。感覺上好像每個人都想侵占一點你的時間，只有你自己一點時間也沒有。

　　唯一的解決之道就是與自己定個約會，就像你與戀人或好友訂下約會一樣。除非有意外事故，否則你要謹守約定。和自己訂約會的方法其實很簡單：在日曆上畫出幾個不讓任何人打擾的空白日子。一週一次或一個月一次都可以，而且時間長短不限，就算只是幾小時也可以，重點在於你為自己留下一點空白，這段空白的時光對你的心靈有平衡與滋養的作用。其次是當別人要跟你約時間時，絕對不能將這段神聖的時光犧牲了。你要珍惜這樣的時光，甚至將它看得比任何時光都重要。別擔心，你絕不會因此而變成一個自私的人，相反，當你再度感到生命是屬於自己的時候，你會感到無盡的歡樂，也能更輕易滿足別人的需要。

　　好了，讓我們讀一首英國作家威廉・亨利・大衛斯的小詩，以此來體會什麼是享受悠閒的歡樂，如何享受悠閒的快樂！

這不叫什麼生活，

總是忙忙碌碌，

沒有停一停，看一看的時間。

沒有時間站在樹蔭下，

像小羊那樣盡情瞻望。

沒有時間看到，

在走過樹林時，

松鼠把殼果往草叢裡搬。

沒有時間看到，

在大好陽光下，

流水像夜空般群星點點閃閃。

沒有時間注意到少女的流盼，

觀賞她雙足起舞蹁躚。

沒有時間等待她眉間的柔情，

展開成唇邊的微笑。

做株心安草

一個國王獨自到花園裡散步，使他萬分詫異的是，花園裡所有的花草樹木都枯萎了，園中一片荒涼。後來國王了解到，橡樹由於沒有松樹那麼高大挺拔，因此輕生厭世死了；松樹又因自己不能像葡萄那樣結許多果子，傷心死了；葡萄哀嘆自己終日匍匐在架上，不能直立，不能像桃樹那樣開出美麗可愛的花朵，於是愁死了；牽牛花也病倒了，因為它嘆息自己沒有紫丁香那樣芬芳；其餘的植物也都垂頭喪氣、無精打采，只有那細小的心安草在茂盛生長。

國王問道：「小小的心安草啊，別的植物全都枯萎了，為什麼你這小草卻這麼勇敢樂觀，毫不沮喪呢？」

　　小草回答說：「國王啊，我一點也不灰心失望，因為我知道，如果國王您想要一棵橡樹，或者一棵松樹、一叢葡萄、一棵桃樹、一朵牽牛花、一株紫丁香什麼的，您就會叫園丁把它們種上，而我知道您希望於我的就是要我安心做小小的心安草。」

　　也許有人會認為，甘心做一株「無人知道的小草」的想法過於消極。可世界是由豐富多彩的萬千物態組成，每個人都有屬於自己的角色，重要的不在於我們做什麼，而在於我們能否成為一個最好的自己、接受我們自己並深深喜歡自己。

　　近年來，「平常心」這個詞經常出現在人們的口中或筆下，每當人們面對得失成敗、貧富窮困或生老病死時，往往會說：「要有一顆平常心……」

　　什麼是「平常心」？對於這個源自佛家的詞語，如果用宗教的觀點去解說，就可能牽扯出一番大道理來，讓人丈二和尚摸不著頭腦。其實，所謂平常心，不過是我們日常生活中經常會出現的對周圍所發生的事情的一種心態。平常心不過是一種平凡、自然的心態。

　　平常心說起來容易，但要真正做到卻並不是那麼簡單的。

　　有個故事講的是一個人射箭，拉弓去射掛在樹上的瓦片時，一次次都射中了；等到拉弓去射掛在樹上的金片時，卻無論如何也射不中。人還是那個人，弓還是那把弓，為何前後結果如此懸殊？原來，那瓦片太平常，射箭人的心也就平常了，眼不花手不抖，自然百發百中；碰到了價值不菲的金片，心裡就不平常了，眼神也不一樣了。

　　人應該學學花木，開得自然，謝得也自然，即使自己是國色天香的牡丹，落也該爽快落去！不要希冀自己永遠不凋謝！平常的一個道理，就在於百花都有開有落。人也一樣，總有得意與失意之時，得意時莫驕傲自大；失意時莫悲觀低落，無論何時，都應持著一份平常心。

　　有平常心在，你便少了幾分浮躁，多了一些寧靜，就會把自己和

別人平等起來，就像看一本通俗讀物一樣將別人讀懂，同時也讀懂了自己。有平常心在，你便能坦然接受人生的起起落落及世事無常的變化，從而踏踏實實去走好每一步，認認真真去過好每一天。

多餘的憂慮

一個阿拉伯人為了完成他趕駱駝運貨的任務，一路上愁眉苦臉。駱駝問他：「你又為什麼事情而不開心呢？」

阿拉伯人回答：「我在想，如果跋山涉水，你將難以勝任這些旅程啊。」

駱駝問他：「你為什麼要擔心我呢？難道我不是號稱『沙漠之舟』的駱駝嗎？難道是通過沙漠的路途被封閉了嗎？」

「人無遠慮，必有近憂」。在我們的文化傳統中，好像提倡與鼓勵對未來的未雨綢繆。大至憂國憂民，小至衣食住行，幾乎讓每個人都過度把現在寶貴的一切都耗費在對未來的憂慮上。事實上，憂慮一點也不能使事物圓滿，它反而會使人無法更有效處理現在的一切，因為憂慮可以說是非理性的，而所憂慮的人和事又多半是無法控制與把握的。你固然可以永無止境地憂慮，因為思考是你做人的根本。你可以憂慮戰爭、經濟、生病等，可是憂慮並不能為你帶來快樂、繁榮或者健康。你畢竟不是一個超人，無法控制萬事萬物。而且，那些你常常所擔憂的災難一旦發生時，並不見得像你想像的那麼可怕與不可思議。

父親和一男一女兩個孩子一起在家中欣賞一部影片，劇中男女主角演到情濃處開始擁吻，而且雙手隨著輕音樂的節奏欲輕解羅衫。

這時父親不停斜過頭，瞄著兩個孩子的反應。心想他們都還未成年，實在是不適合看這種鏡頭；想拿過遙控器將電視關掉，又不知孩子會怎麼想。

正當父親如熱鍋上的螞蟻坐立難安之際，女孩感受到父親焦慮的情

緒，輕鬆地說：「爸，放心啦，只要待會劇裡電話一響，這個鏡頭就會消失了，別緊張 ── 」

男孩也在一旁道：「對呀，這部我們看過好幾次了，保證什麼穿幫鏡頭都沒得看。」

你是否也曾經歷類似的情境？懷著恐懼、憂慮的深刻情緒，去面對一個令自己無比擔憂的狀況，不知將有什麼樣難以控制的恐怖後果；一旦事情到來時，才發現其實也不過如此，自己的擔心真是多餘。確實，憂慮就像一筆根本不存在的債務，我們卻事先支付了不少的利息。

亞瑟・史馬斯・洛克說：「憂慮是流過心頭那條彙集恐懼的小溪。如果水流增加，它就會變成帶動所有思緒的河川。」

過度憂慮所造成的緊張不安，早經證實這種情緒是對人體有害的。既然如此，我們更應該努力去尋找一個化解不安、疏解壓力的管道，別讓自己的思慮鑽牛角尖，且執意越鑽越深，最終讓自己心力交瘁。

猶太人有句諺語：「只有一種憂慮是正確的，那就是為憂慮太多而憂慮。」

實際上，絕大多數憂慮都是沒有任何意義的。把我們的憂慮清查一番，假如我們對自己夠誠實，我們將發現它們多半是沒有根據的。每天總有人在學杞人憂天，他們總在擔心：事情會不會變得糟糕？假如這樣會如何？那樣又會如何？其實，事情要來時自然會來，我們沒有必要成天為了自己想像中的事而擔憂苦惱。我們需要做的是把當下的每一件事情做好，明日憂慮自待明天解決。

其實，把人生的一切看得淡泊一點，視名利為流水，視羞恥為過客，你便會覺得人世間實在是沒什麼可值得讓人憂慮的！當你能夠做到這一點時，你會發現自己多餘的憂慮是多麼的可笑，因為它並不能幫助你更改任何個人意志所能觸及的任何事。當然，也不要把憂慮和未雨綢繆相混淆。如果你是在做出應對各種危機可能發生的預備案，那麼現

在的各項活動均有助於未來，這可不是憂慮。籌劃與憂慮的最大區別在於，前者是主動的、理性的，而後者則是被動的、非理性的。

何必「杞人憂天」

有一個製作各式各樣成衣的商人，因為經濟不景氣生意日漸低迷，商人為此終日鬱鬱寡歡、愁眉不展，每天晚上都睡不好覺。

細心的妻子對丈夫的鬱悶看在眼裡急在心上，她不忍丈夫就這樣被煩惱折磨，就建議他去找心理醫生看看，於是他前往醫院去看心理醫生。

醫生見他雙眼布滿血絲，便問他：「怎麼了，是不是受失眠所苦？」成衣商人說：「是呀，真叫人痛苦不堪。」心理醫生開導他說：「別急，這不是什麼大毛病！你回去後如果睡不著就數數綿羊吧！」成衣商人道謝後離去了。

一個星期之後，他又出現在心理醫生的診室裡。他雙眼又紅又腫，精神更加頹喪了，心理醫生複診時非常吃驚地說：「你是照我的話去做的嗎？」成衣商人委屈地回答說：「當然是呀！還數到三萬多頭呢！」心理醫生又問：「數了這麼多，難道還沒有一點睡意？」成衣商人說：「本來是困極了，但一想到三萬多頭綿羊得有多少毛呀，不剪豈不可惜？」心理醫生於是說：「那剪完了不就可以睡了？」成衣商人嘆了口氣說：「但頭痛的問題又來了，這三萬頭羊的羊毛所製成的毛衣，現在要去哪找買主呀？一想到這，我就又睡不著了！」

這個成衣商人無疑是現代社會中高壓人群的真實寫照。因為受到一些過去的影響，以至於對不可知的未來產生了極度的恐慌。不能不說，這是一群可憐的人，何必為一些沒有發生的事情煩惱、憂慮呢？

有一個人以為自己得了癌症，便跑去看醫生。

醫生問他：「你覺得哪裡不舒服？」

他回答說：「好像沒有哪裡不舒服。」

醫生又問：「你感覺身體哪裡疼？」

他說：「感覺不到疼。」

醫生又問：「你最近體重有沒有減輕？」

他說：「沒有。」

「那你為什麼覺得自己得了癌症？」醫生忍不住這麼問他。

他說：「書上說癌症的初期毫無症狀，我正是如此啊！」

對這種人，佛蘭克林‧皮爾斯‧亞當斯（Franklin Pierce）曾以失眠作比喻。他說：「失眠者睡不著，因為他們擔心自己會失眠，而他們之所以擔心，正因為他們不想去睡覺！」

馬克‧吐溫（Mark Twain）晚年時感嘆道：「我的一生太多時候在憂慮一些從未發生過的事。沒有任何行為比無中生有的憂愁更愚蠢了。」

的確是這樣，做人做事，想得長遠一點不失為一件好事，但「杞人憂天」則不得不說有些愚蠢了。

有些事想得太遠，就成了無止的壓力，煩惱自然也就跟隨而來。不要掛念太多不該掛念的事，不要把與自己暫時無關的事想得太遠，這樣才能心靜，才能快樂。

擺脫憂慮的萬靈公式

世界上有成千上萬的人因為憂慮而毀了自己的生活，因為他們拒絕接受已經出現的最壞情況，不肯由此以求改進，不願意在災難中盡可能為自己救出點東西來。

心理憂慮是很多人無法擺脫的一種苦痛，其原因：一是競爭壓力太大，二是沒有良好的心理處方。成大事者處理憂慮的辦法很簡單：「接受我所不能改變的，改變我所不能接受的。」

有個笑話，說的是有一個酒鬼疑心他在一次醉酒中把一個酒瓶子吞了下去，為此他整天憂慮不已，最後到醫院要求開刀取出酒瓶。醫生拿

他沒辦法，只好給他開刀，然後拿出一隻預先準備好的酒瓶騙他，不料他說他吞下的啤酒瓶不是那個牌子的，醫生只好再開刀騙他一次。

1999 年，有個青年聽信了世界末日將要到來的傳聞，拿出他辛苦多年的所有積蓄到一個酒店裡大吃大喝，醉酒醒來後發現自己躺在醫院裡，原來他大醉後在路旁把自己摔傷了，幸虧好心人把他送到醫院，否則他真的就到了末日。

這種無根據的杞人憂天往往不攻自破，生活中糟糕的情況如果讓你憂慮不已，這裡倒有一個有效消除憂慮的簡單辦法，這個辦法是威利．卡瑞爾發明的。卡瑞爾是一個很聰明的工程師，他開創了空調製造業，現在是瑞西卡瑞爾公司的負責人。而解決憂慮的最好辦法，竟然是卡瑞爾先生在紐約的工程師俱樂部吃中飯的時候想到的。

「年輕的時候，」卡瑞爾先生說，「我在紐約州水牛城的水牛鋼鐵公司做事。我必須到密蘇里州水晶城的匹茲堡玻璃公司 —— 一座花費好幾百萬美金建造的工廠，去安裝一架瓦斯清潔器，目的是清除瓦斯裡的雜質，使瓦斯燃燒時不至於傷到引擎。這是一種清潔瓦斯的新方法，以前只試過一次 —— 而且當時的情況很不相同。我到密蘇里州水晶城工作的時候，很多事先沒有想到的困難都發生了。經過一番調整之後，機器可以使用了，可是效果卻不能達到我們所保證的程度。我對自己的失敗非常吃驚，覺得好像是有人在我頭上重重地打了一拳。我的整個肚子都開始痛起來。有好一陣子，我擔憂得簡直沒有辦法睡覺。最後我的常識告訴我，憂慮並不能夠解決問題，我想出一個不需要憂慮就可以解決問題的辦法，結果非常有效。我這個反憂慮的辦法已經使用了 30 多年。這個辦法非常簡單，任何人都可以使用。其中共有三個步驟：第一步，先不用害怕但要認真分析整個情況，然後找出萬一失敗可能發生的最壞情況是什麼。沒有人會把我關起來或者因此把我槍斃。第二步，找到可能發生的最壞情況之後，讓自己在必要的時候能夠接受它，待真的

發生最壞情況時，使自己馬上輕鬆下來，感受到幾天以來所沒體驗過的一份平靜。第三步，這以後，就平靜把自己的時間和精力，拿來試著改善心理上已經接受的那種最壞情況。」

為什麼威利‧卡瑞爾的萬用公式這麼普通卻這麼實用呢？

從心理學上講，它能夠把我們從那個巨大的心理陰影中拉出來，讓我們不再因為憂慮而盲目摸索；它可以使我們的雙腳穩穩站在地面上，儘管我們也都知道自己的確站在地面上。如果我們腳下沒有結實的土地，又怎麼能希望把事情想通呢？

當我們接受了最壞的情況之後，我們就不會再損失什麼，也就是說，一切都可以從頭再來。「在面對最壞的情況之後，」威利‧卡瑞爾告訴我們說：「我馬上就輕鬆下來，感到一種好幾天來沒有經歷過的平靜。然後我就能思考了。」

很有道理，對不對？

多向兒童學習

時間在我們渴望長大中似乎過得很慢，而在我們成年後的回首中又過得太快。假如有人問人生何時最快樂，恐怕絕大多數人都會說是童年。記憶深處的童年裡，捉迷藏、放風箏、修房子、踢毽子、扔沙包、扮家家酒、堆沙堡……五彩斑斕，絢爛奪目，充滿了歡笑和陽光，

長大以後，為了理想而努力。我們的心中逐漸有了理想，有了誘惑，開始忙忙碌碌，心事也多了起來。

相比大人來說，兒童可說是最懂得享受人生的專家了。有一天，年輕的媽媽問9歲的女兒：「孩子，你快樂嗎？」

「我很快樂，媽媽。」女兒回答。

「我看你天天都很快樂」

「對，我經常都是快樂的。」

「是什麼使你感覺那麼好呢？」媽媽追問。

「我也不知道為什麼，我只覺得很高興、很快樂。」

「一定是有什麼事物才使你高興的吧？」媽媽鍥而不捨。

「……讓我想想……」女兒想了一會兒，說：「我的夥伴們使我幸福．我喜歡他們。學校使我幸福，我喜歡上學，我喜歡我的老師。還有，我喜歡去公園。我愛爺爺奶奶，我也愛爸爸和媽媽，因為爸媽在我生病時關心我，爸媽是愛我的，而且對我很親切。」

這便是一個9歲的小女孩幸福的原因。在她的回答中，一切都已齊備——和她玩耍的朋友（這是她的夥伴）、學校（這是她讀書的地方）、爺爺奶奶和父母（這是她以愛為中心的家庭生活圈）。這是具有極單純形態的幸福，而人們所謂的生活幸福莫不與這些因素息息相關。

有人曾問一群兒童「最幸福的是什麼？」。結果男孩子們的回答包括：自由飛翔的大雁；清澈的湖水；因船身前行，而分撥開來的水流；跑得飛快的列車；吊起重物的工程起重機；小狗的眼睛……而女孩子們的回答則是：倒映在河上的街燈；從樹葉間隙能夠看得到紅色的屋頂；煙囪中冉冉升起的煙；紅色的天鵝絨；從雲間透出光亮的月亮……

看，童心是如此純淨、如此容易得到滿足！我們也曾經那樣的快樂與幸福，只是被歲月磨礪，使我們失去了天真爛漫的本性，失去了那份純真無邪的童心，或許這就是我們不快樂、不健康的重要原因。

我們還能夠找回失去的童心嗎？可以！找回童心，也不是多麼複雜的事情。古人云「童子者，人之初也；童心者，心之初也。夫心之初豈可失也！」我們若能鄙塵棄俗，息慮忘機，回歸本心，便就是找回了童真、童趣與童心。這樣，我們就會形神合一，純潔無邪，通達自守，並且使我們內心與外在均無求而自足！

多一點童心，就會多一點單純；多一點幻想，就會多一點浪漫；多一點瀟灑，就會多一點屬於你自己的。

簡化你的生活

　　你是否經常有「很累」的感覺？你是否想過究竟是什麼讓我們如此勞累與疲憊？

　　如果僅僅只是勞累與疲憊還不算最糟糕，最糟糕的是：我們甚至還對今後的日子產生恐懼甚至絕望，覺得只有永遠像一個戰士般衝殺，才不會落在人後。社會達爾文主義是現代人信奉的原則，此時卻被無限放大到生活中。欲望的都市里到處都充斥著痛苦的靈魂，在許多昏暗的酒吧裡唱著空虛寂寞，喝得要死要活；有人在放縱，有人在毀滅。生活越來越複雜，而心情越來越煩悶；人與人走得越來越近，而心靈卻隔得越來越遠；大樓越來越高，人情味越來越薄；娛樂越來越多，快樂卻越來越少……

　　在生活變得複雜，超出你的想像和理解的時候，你是否懷念過從前一文不值卻依然快樂的時光？沒有電視也沒有其他的便利，穿的衣服也好，傢俱也好，都是家人按照最古老最樸素的方式製造，讓人安心。在一個偏遠、寧靜的小村莊，那裡的人對於一朵鮮花的讚賞，比一件名貴的珠寶要多。一次夕陽下的散步，比參加一場盛大的晚宴更有價值。他們寧可在一棵歪脖子老樹下打牌下棋，也不願去參加一場獎金豐厚的棋牌競技。他們重視的是簡單生活中的快樂，不會遠離陽光、新鮮空氣與笑聲……感謝簡單，他們因此而擁有幸福與快樂。

　　那些簡單生活的日子似乎一去不返了，但真的就沒有其他可能了嗎？

　　近年來，在西方國家興起一種叫「簡單生活圈」的活動。這種在草根人士中盛行的活動，強調的是如何簡化自己的生活，提倡完全拋棄物欲。但是在我們的欲望之上，我們會自我設限，而且這種設限並非來自外力，而是自己心甘情願 —— 你了解到其中的深意，並能真正享受

你現在所擁有的一切。簡單生活，使自己有更多空閒的時間、金錢與能量，你可以有更多機會與自己及家人相處。

許多人都會因自己跟不上鄰居的生活水準，平日忙忙碌碌於單調乏味的工作，最後變得心情沮喪，而且持續著這樣的惡性循環，最後生活中只有壓力、瘋狂的消費與被浪費的時間而已。大多數人都會陷入這種無止境的需求、渴望與物欲當中。似乎許多人都相信多就是好 —— 更多的東西、更多的事情、更多的經驗等等。但是生命的真相真的僅止於此嗎？

在某些時候，我們會忙到沒有時間享受生活，似乎一分一秒都在計算之中，都被排在計畫之中。我們經常由一個活動趕到下一個活動，對手邊正在做的事毫無興趣，反而對「下一場」是什麼充滿期待。

除此之外，大多數人都會想要更大的房子、更好的車子、更多的衣服與更多的東西。無論我們已經擁有多少，總是感覺永遠不夠。我們對物欲的需求已然是個無底洞。

簡單生活圈這個有趣的概念，並不去刻意強調限制富人的財富，而是在鼓勵大多數人認清生活真相。有一些收入微薄的人，他們也主張簡單生活圈的概念，同時認為自己所得已足夠自己所需。這同樣是想得開，放得下，絕對令人佩服。

有時候簡化生活代表著你會選擇住一間便宜的小公寓，而不是拚命要買一間大房子。這樣的決定讓你的生活輕鬆自在，因為你有能力負擔便宜的租金。另外一種簡化的例子是吃得簡單、穿得簡單、生活得簡單，而且交換舊衣物穿。總之，所有的重點都在讓生活更自在、更簡單。

幾年前，希明將在豪華商務區的辦公室搬到了另一個地方，這個簡化的策略帶來許多好處。首先，這間辦公室比原先那間要便宜很多，減少了一些財務上的壓力。新辦公室離家很近，他不需要花時間長途跋涉

才能到辦公室，以前需要 60 分鐘的車程，現在只要步行 5 分鐘就行了。希明一年幾乎要工作 50 週，現在這個簡化的策略，使他無形中一年省下了 200 多個小時。當然，以前的辦公室看起來氣派一些，但是真的值得他那樣的付出嗎？回頭看看，還真不值得呢！他說：「再給我一次機會，我還是會做同樣的決定，畢竟我的客戶都開車，而那裡停車位很少。」

簡單生活圈不是單一的決定，也不是自甘貧賤。你可以開一部昂貴的車子，但仍然可以使生活簡化。你可以享受、擁有、渴望好東西，但仍然能過著一種簡單的生活方式。關鍵是誠實面對自己，看看生命中對自己真正重要的是什麼？如果你想要的是多一點時間、多一點能量、多一點心靈的平靜，建議你多花一點時間來想一想如何簡單生活圈的概念。

當人在物質上的要求減少時，精神上的收穫會增加。愛默生曾說：「快樂本身並非依財富而來，而是在於情緒的表現。」當我們騰出心靈的空間，從各個角度去體驗人生，當我們開始了解到自以為必需的東西，其實很多是可以不要的時候，就可以發現：我們現在擁有的東西已足夠讓人快樂了。

像莊子一樣逍遙

逍遙，指的是沒有什麼約束、自由自在 —— 當然，法律與道德的約束還是需要的。也就是說，逍遙是一種基於心靈自在之上的行為瀟灑。逍遙表現在自然個性的呈現、精神思維的自由和言談舉止的瀟脫。

史上最著名的逍遙派大概就是莊子了。這個逍遙派的掌門人，在《莊子·齊物論》說了一個這樣的故事：有一天，他夢見自己變成了蝴蝶，一隻翩翩起舞的蝴蝶。自己非常快樂，悠然自得，不知道自己是莊周（莊子）。一會夢醒了，卻是僵臥在床的莊周。不知是人做夢變成了蝴蝶呢，還是蝴蝶做夢變成了人呢？

一上面就是「莊周夢蝶」的典故。看看，莊子（莊周）多麼糊塗，一覺醒來，居然分不清楚自己到底在現實中還是夢中，也不知道自己到底是一隻蝴蝶還是一個人。

人生的目的是什麼？這個亙古以來的千年追問。有人認為擁有至高的權位最爽，可以享受支配他人的快感。有人認為擁有金山銀山勝過所有，因為金錢可以換取很多東西。有人認為擁有好的名聲最重要，即使死了也還會活在人們心中。更有人什麼都可以不要，只要美人……

但是莊子飄然而來，把手中的拂塵輕輕一揚，便擊碎了塵世中的所有牽絆。他說：快樂至上。他在《莊子・至樂》中說：「夫富者，苦身疾作，多積財而不得盡用，其為形也亦外矣。夫貴者，夜以繼日，思慮善否，其為形也亦疏矣。人之生也，與憂俱生，壽者惛惛，久憂不死，何苦也！」意思說：富有的人，勞累身體勤勉操勞，累積了許多財富卻不能完全花完，那樣對待身體也太不看重了。高貴的人，夜以繼日苦苦思索怎樣才能保住權位和厚祿，那樣對待身體太忽略了。人們生活於世間，憂愁也就跟著一起產生，長壽的人整日裡昏聵不堪，長久處於憂患之中而不死去，多麼痛苦啊！

人是偉大的，但也是渺小的。人可以改變一些事物，但對於大自然的命運卻經常無能為力。一個下雨的早晨，再多公雞的鳴叫也喚不出太陽。與其吶喊、抱怨與詛咒老天，不如撐一把雨傘來個雨中漫步，給自己一份悠閒與浪漫。當追求幸福的人求之不得而苦惱的時候，只要換一種心態，就可以體會到逍遙的快樂。當一個人與幸福失之交臂的時候，也許恰好具備了逍遙的條件。得到和失去一樣能夠快樂，這就是生活的公平、公正和微妙。

人本是人，不必刻意做人；世本是世，不必精心處世。這就是返璞歸真之人生大自在的箴言。

掃除堆積心靈的垃圾

人生儉省幾分，便超脫幾分。在人生的路上，莫讓自己的心靈成為「垃圾掩埋場」。

家鄉有年前大掃除的風俗，在將平時的物件逐一清理時，我們常常驚訝自己在過去短短幾年內，竟然累積了那麼多的東西？

人心又何嘗不是如此！在人的心中，每個人不都是在不斷累積東西？這些東西包括你的名譽、地位、財富、親情、人際、健康、知識等等。另外，當然也包括了煩惱、鬱悶、挫折、沮喪、壓力等等。這些東西，有的早該丟棄而未丟棄，有的則是早該儲存而未儲存。

不妨問自己一個問題：我是不是每天都在忙碌，把自己弄得疲憊不堪，以至於總是沒能好好靜下來，替自己的心靈做一次清掃？

對那些會拖累自己的東西，必須立刻放棄——這是心靈大掃除的意義，就好像是做生意的人「盤點庫存」。你總要了解倉庫裡還有什麼，某些貨物如果不能限期銷售出去，最後很可能會因積壓過多拖垮你的生意。

很多人都喜歡房子清掃過後煥然一新的感覺。你在擦拭掉門窗上的塵埃與地面上的污垢，讓一切整理井然之後，整個人就好像突然得到一種釋放。這是一種「成就感」，雖然它很小，但能給人帶來愉悅。

在人生諸多關口上，人們幾乎隨時隨地都得做「清掃」。念書、出國、就業、結婚、離婚、生子、換工作、退休……每一次的轉折，都迫使我們不得不「丟掉舊的自己，接納新的自己」，把自己重新「打掃一遍」。

不過，有時候某些因素也會阻礙人們放手進行「掃除」。譬如，太忙、太累；或者擔心掃完之後，必須面對一個未知的開始，而自己又不能確定哪些是想要的。萬一現在丟掉的，將來需要時撿不回又該怎麼辦？

　　的確，心靈清掃原本就是一種掙扎與奮鬥的過程。不過，你可以告訴自己：每一次的清掃，並不表示這就是最後一次。而且沒有人規定你必須一次全部掃乾淨。你可以每次掃一點，但你至少必須立刻丟棄那些會拖累你的東西。

　　我們的心靈畢竟無法做到「菩提本無樹，明鏡亦非臺」的佛家最高境界，但我們可以做到「時時勤拂拭，毋使染塵埃」！

少事是福，多心為禍

　　對一個人來說，最大的幸福絕對不是榮華富貴，而是平安無事、不招惹任何禍端。禍端的來源，有些是不可抗力的，人們無法預知亦無法規避。不過這種類型的禍端畢竟不多，人生中的禍端絕大部分是來自本身。

　　俗話說：少事是福，多心為禍。很多是非，就是因為一個人多心、多事而引起的。朋友的妻子小敏最近和婆婆鬧翻了，起因是為了50塊錢。小敏放在桌子上的50塊錢不見了，問丈夫拿了沒有。丈夫說沒有。然後大家就找啊找，還是沒有找到。從農村專程趕來幫助小夫妻帶孩子的婆婆這下慌了，婆婆本來就沒有拿，但她怕兒媳懷疑自己拿了。婆婆越是怕被懷疑，心裡越是發慌。越發慌，就越覺得兒媳在懷疑自己。婆婆心理壓力大，就趁沒人的時候給老伴打電話訴苦。老伴聽了，還得了？立即電話兒子，將兒子一頓訓斥：你媽媽年齡那麼大，大老遠跑來幫你們帶小孩，容易嗎？請個保姆還要付工資，她不要薪水盡心盡責幫你們，你們還懷疑她要你們的50塊錢？你不知道你媽媽是什麼樣的嗎？……一通電話砸得兒子暈頭轉向。兒子回家，把這件事跟妻子說，妻子也不服：我沒有懷疑啊。沒有懷疑？婆婆不做了：你某天說了什麼話、某天做了什麼事，就是對我不滿……餘下的就不用再多講了，慣常的家庭矛盾就是這樣開啟帷幕的。

後來，婆婆一生氣回了老家，離開了疼愛有加的小孫子。兒子兒媳沒辦法，只得雇保姆來照看孩子。兩敗俱傷。其實很多家庭的矛盾就是因為這樣一些瑣碎事情引起的，公說公有理，婆說婆有理。但我們的確分辨不出來究竟誰有理。像這個例子中，似乎誰也沒錯。要說錯的話，他們又都有錯。兒媳錯在不見錢了，可以裝糊塗 —— 不就 50 塊錢嗎？或許是自己記錯了或者掉在個角落一時沒找到。即使要追究，也應該考慮到避開婆婆，單獨問自己的丈夫。所以，兒媳錯在多事。而婆婆錯在多心。本來就沒有拿，也沒有人懷疑你，你何必自己覺得不自在呢？不如糊塗一點。此外，兒子和公公的一些做法，都有值得商榷的餘地，在此就不再一一分析。

人與人的交往免不了會產生矛盾。有了矛盾，平心靜氣坐下來交換意見予以解決，固然是上策。但有時事情並非那麼簡單，因此倒不如糊塗一點為好。有時，糊塗可給人們帶來許多好處：

一則，可以減去生活中不必要的煩惱。在我們身邊，無論同事、鄰居，甚至萍水相逢的人，都不免會產生些摩擦，引起些氣惱，如若斤斤計較，患得患失，往往越想越氣，這樣於事無補，於身體也無益。如做到遇事糊塗些，自然煩惱就少得多。我們活在世上只有短短的幾十年，卻為那些很快就會被人們遺忘了的小事煩惱，實在是不值得的。

二則，糊塗可以使我們集中精力於事業。一個人的精力是有限的，如果一味在個人待遇、名利、地位上兜圈，或把精力白白地花在勾心鬥角、玩弄權術上，就不利於工作、學習和事業的發展。世上有所建樹者，都有糊塗功。清代「揚州八怪」之一鄭板橋自命糊塗，並以「難得糊塗」自勉，其詩畫造詣在他的「糊塗」當中達到一個極高的水準。

三則，糊塗有利於消除隔閡，以圖長遠。《莊子》中有句話說得好：「人生大地之間如白駒之過隙，忽然而亡。」人生苦短，又何必為區區小事而耿耿於懷呢？即使「大事」，別人有愧於你之處，糊塗些，反而能感動人，從而改變人。

四則，遇事糊塗也可算是一種心理防禦機制，可以避免外界的打擊對本人造成心理上的創傷。鄭板橋曾書寫「吃虧是福」的條幅。其下有云：「滿者損之機，虧者盈之漸。損於己所彼，外得人情之平，內得我心之安。既平且安，福即在是矣！」正基於此念，才使得鄭板橋老先生在被罷官後，騎著毛驢離開官署去揚州賣書。自覺使用各種心理防禦機制，可以避免或減輕精神上的過度刺激和痛苦，維持較為良好的心境，可以避免精神崩潰。

平靜與平安就是幸福

她是位德高望重的偶像。從影三十多年來主演過近百部電影。步入20 世紀後，減少了幕前演出，醉心於幕後工作，所執導的電影得到行內人肯定，其中的主演電影榮獲多個電影獎項。

始終活躍在電影圈中，見證著電影的發展，也經歷了香港和臺灣電影的新浪潮時期。黑白分明的大眼睛，甜美溫柔的笑容，是當年她年輕時最吸引人的地方。然而除了擁有美麗的外表，最讓人心動的還是她在電影方面所表現出來的脫俗才情。

雖然事業上一直順順利利，但在愛情上卻經歷了幾許風雨。首任丈夫曾任美聯社駐香港分社社長。當年她 25 歲，這段婚姻只維繫了 6 年。第二任婚姻在她 37 歲未婚生子，兒子名叫王令塵，英文名叫奧斯卡。第二任丈夫當時仍是有婦之夫，已經有一對 20 歲和 17 歲的兒子。次年，辦理好離婚手續，與她正式結婚。這段感情也讓她嘗盡了人間的悲歡離合，當時頂著勾引有婦之夫的罵名和之後的未婚產子的風波，令她

倍感身心疲憊，但是這個堅強的女子還是堅持了下來。她說兒子是她那個時候最大的精神支柱。

終於有了一個家，她的人生中心開始朝家人身上轉移。她給尚在繈褓裡的兒子奧斯卡制定了一個清晰的計畫，決定從小開始培養兒子。

都說「三代出貴族」，為了培養出兒子的貴族氣質，從最細微處開始，衣食住行時時處處培養。兒子稍有不對就馬上糾正，以至於老公說她不像是在養兒子，像是在組裝電腦，把所有最先進的頂級軟體全部塞進去，卻不知硬碟本身能否容納。

造星計畫按部就班進行著。到奧斯卡 4 歲多的時候，小紳士的雛形已經顯山露水了：一口地道的英式英語無可挑剔；不管是鋼琴還是小提琴，總能很漂亮來上一段；和媽媽一起去西餐廳，儘管還不能幫媽媽拉椅子，卻一定會等到媽媽落座以後再坐下；在學校裡整天都保持乾淨與禮貌，是所有老師公認的「小天使」；所有的同學都用仰視的目光看著他。雖然看得出來兒子並不快樂，但她堅定認為自己所做的沒有錯。

到奧斯卡 5 歲那年，造星計劃開始進入了另一個階段。她決定把兒子推到了大眾面前。那年，她應邀前往泰國北部採訪難民村，她特意帶上兒子隨行。在拍攝過程中，把預先為兒子設計好臺詞，並讓兒子背熟，然後將他推到了攝影機前。電視臺播放後，香港頓時轟動，所有人都驚為天才。在香港成功後，她乘勝追擊，隨即將兒子帶回臺灣，帶他參與了一個國際品牌的童裝展示會，並讓他上臺走童裝秀。各大媒體紛紛對此大肆報導，奧斯卡在一夜之間又紅透臺灣。以後的日子裡，利用自己的知名度，不遺餘力打造著兒子。而奧斯卡也不負所望，其表現可圈可點，很快成為第一童星。

人世間的事情，總是難以預料。當奧斯卡的路理所應當順風順水時，一個天大的意外出現了。2000 年 7 月 5 日，10 歲的奧斯卡在放學後失蹤了。幾個小時後，她接到了電話 —— 兒子被綁架了，綁匪開價

2,000 萬元港幣。

　　為了籌集贖金，賣了自己的不動產，取空了所有的銀行存款，也只有 800 萬元。與綁匪在電話裡討價還價之後，終於敲定以 800 萬元成交。儘管綁匪一再威脅不許報警，在再三斟酌後，她還是暗中報警。警方很快透過電話監聽跟蹤查出了綁匪的藏身之處，將 3 名綁匪一舉擒獲。當張艾嘉打開奧斯卡藏身的箱子時，倒吸一口涼氣 —— 綁匪已經在箱子裡準備好了香燭冥紙。很明顯，綁匪已經做好了收到錢就撕票的打算。

　　綁架事件，對 10 歲的奧斯卡造成極大的精神刺激。奧斯卡開始變得有點神經質，再也不願意出席任何公眾場合。一回家，奧斯卡就鑽進自己的房間鎖上門，就連叫他吃飯也不出來。把飯送到門口也不開門，只允許傭人把飯放在門口，等傭人離開了才偷偷開門自己把飯拿進去。看著以往閃耀光芒的兒子，如今像一隻惴惴不安的小鼠般草木皆兵，讓她開始反思自己的人生觀。

　　諮詢了無數心理醫生，得到的建議只有一個 —— 時間療法。她收起眼淚，告訴自己：這有什麼大不了的，老天已經對我很寬厚了，把活生生的兒子還給了我。她開始學著用母愛的本能去和奧斯卡共處，一切的一切都是為了讓他高興，由著他去做他想做的事情；而不再是 —— 要求他做這做那，設置很多規定。

　　她曾這樣寫道 ——「有一次在埃及，我們騎著一頭駱駝，在金字塔前面端詳獅身人面像，兒子坐在前面，靠在我懷裡，駱駝脖子上的鬃毛蹭得他的小腿發癢，我讓他將腿盤起來，半躺在我的懷裡，左手幫他撫摸著蹭紅的小腿，右手輕輕摸著他的頭髮。兒子忽然動了動，將腦袋往我的胸前擠了擠，夢囈般道：『媽媽，謝謝！』」

　　這句感謝讓她慨萬千：「我讓他成為全校最優秀的學生，他沒有謝謝我；我讓他成為第一童星，他沒有謝謝我；我傾家蕩產去交贖金，他

也沒有謝謝我。可就在落日大漠裡，靠在我懷裡的時候，他卻由衷感謝我。一句謝謝，頓時讓我覺得所有的榮耀都無法與之相提並論。我發覺這樣的生活才是兒子真正覺得幸福和滿足的日子。」

隨著奧斯卡的改變，她也在發生變化。她不再張揚，學會了理解和同情，變得成熟和內斂。透過兒子的綁架事件，她終於懂得了幸福的含義是：「生活平靜，家人平安。」

她出身名門，外祖父曾是臺灣高官，父親是空軍軍官，母親是臺灣有名的大美人。出生不久，就跟母親去美國定居接受教育。這樣的身世，加上自己出道以來的風光與順暢，使她心氣很高，對於幸福的標準也是高高在上。這也就是她花那麼多精力去打造兒子的原因。她在為幸福處心積慮打拚了半輩子後，才發現：幸福原來沒有那麼多的規定，「平靜」與「平安」就是幸福的真義。

看了這樣曲折的歷程，你有什麼感觸呢？

第七章
自得其樂裡的真快活

在談到人生哲學時，有位智者說過一段這樣的話：「人生如同美國的西部牛仔片。在嘈雜的酒吧裡，惡徒坐著喝酒，流氓拚命打架，而彈琴的人就在這個混亂險惡的處境中照彈不誤。你得學會這琴師的本事，不管酒吧裡發生了什麼事，你都要繼續彈你的曲子。」

在混亂的環境中，保持自己悠然自得的心境，是很多人所無法做到的。我們生活的旋律，太容易被外界的影響所擾亂。人只有對外界的干擾遲鈍一些，才能夠找到通往靈魂自由之路。

每個人的生活都是獨特的，他們有自己獨特的權利，任何人沒有權力來干涉這種自由意志。

—— 南茜

你的人怎樣，你的世界就是怎樣。

—— 金克拉

世界上沒有比快樂更能使人美麗的化妝品。

—— 布雷頓

所謂內心的快樂，是一個人過著健全的、正常的、和諧的生活所感到的快樂。

—— 羅曼・羅蘭（Romain Rolland）

知足不辱，知止不殆，可以長久。

—— 老子

快樂的鑰匙在誰手裡

有一個人一直管不好自己的鑰匙，經常不是弄丟了，就是忘了帶，要不就是反鎖在門裡。後來他想老是撬開門也不是個辦法，所以配鑰匙時便多配了一把，放在隔壁鄰居家。他以為這下可以無憂無慮了。沒想

到有一天他又忘了帶鑰匙，恰好隔壁的人也都出去辦事了，他又吃了閉門羹。後來他乾脆又在另一邊鄰居那裡也放了鑰匙。當他在外邊存放的鑰匙越多，他對自己的鑰匙也就管理得越鬆懈，為保險起見，他乾脆在所有可以拜託的鄰居家都存放了鑰匙，但最後就變成 —— 有時候，他家所有人都進得去，卻只有他進不去，因為所有的人手中都有他家的鑰匙。

他家的那扇門鎖住的，其實就只有他自己而已。

以上這個故事，很耐人尋味。在現實生活中放棄自己的權利，讓別人來決定自己生活的人實在不少。他們把自己求學、擇業、婚姻……所有的問題統統託付給他人，失去了自我追求、自我信仰，也就失去了自由，最後變成了一個毫無價值的人。人生最大的損失，莫過於丟失了自我的樂趣。

另外還有一個故事。有一位年輕的畫家把自己的一幅佳作送到畫廊裡展出，他別出心裁放了一支筆，並附言：「觀賞者如果認為這畫有欠佳之處，請在畫上作記號。」結果畫布上標滿了記號，幾乎沒有一處不被指責。這位畫家的心情很糟糕。他找到了他的老師，把自己的遭遇告訴老師。老師叫他畫了張同樣的畫拿去展示，不過這次附言與上次不同，請每位觀賞者將他們最為欣賞的妙筆都標上記號。結果，當畫家再取回畫時，看到畫面又被塗滿了記號，原先被指責的地方，卻都換上了讚美的標記。

年輕的畫家這次並沒有狂喜。因為他明白了一個道理：自己的情緒不應該由別人來操縱。

專欄作家哈理斯和朋友在報攤上買報紙，朋友禮貌對報販說了聲謝謝，但報販卻冷口冷眼，沒發一言。

「這傢伙態度很差，是不是？」他們繼續前行時，哈理斯問道。「他每天晚上都是這樣的。」朋友說。「那麼你為什麼還是對他那麼客氣？」

哈理斯再問。朋友答：「為什麼我要讓他決定我的行為？」

每個人心中都有把「快樂的鑰匙」，但我們卻常在不知不覺中把它交給別人掌管。

一位女士抱怨道：「我活得很不快樂，因為先生常出差不在家。」她把快樂的鑰匙放在先生手裡。

一位媽媽說：「我的孩子不聽話，讓我很生氣！」她把鑰匙交在孩子手中。

男人可能說：「上司不賞識我，所以我情緒低落。」這把快樂的鑰匙又被塞在老闆手裡。

婆婆說：「我的媳婦不孝順，我真命苦！」

這些人都做了相同的決定，就是讓別人來控制自己的心情。

當我們容許別人掌控我們的情緒時，我們便覺得自己是受害者，於是抱怨與憤怒成為我們唯一的選擇。我們開始怪罪他人，並且傳達一個資訊：「我這麼痛苦，都是你造成的，你要為我的痛苦負責！」

這樣的人使別人不喜歡接近，甚至望而生畏。

一個成熟的人能夠握住自己快樂的鑰匙，他不期望別人使他快樂，反而能將自己的快樂與幸福帶給周圍的人。

我們身處的地方，不論是環境、人、事、物，都很容易影響我們的情緒，可是千萬別忘了，決定快樂的鑰匙，只在你自己手中！

愛默生的快樂態度

有一天，一個朋友慌張跑來對美國作家愛默生說：「預言家說，世界末日就在今晚！」

愛默生望著他，平靜回答：「不管世界變成如何，我依舊照自己的方式過日子。」

愛默生的回答十分耐人尋味，他面對動盪不羈的人生採取的是一種

「隨便」的態度，並從中獲得了快樂。

愛默生的生活態度，說明在世上想要享受真正的生活，不要在乎那些自己所無法掌控的壞消息。就算哪天世界末日真的會降臨到你的身上，你也無須擔心。世界末日你根本無法阻止，並且只會來一次。而現在世界末日也還沒來，不是嗎？

就像某位哲人所說的：「我們不需要恐懼死亡，因為事實上我們永遠不會碰到它。只要我們還在這，它就不會發生，當它發生時，我們就不在這了，所以恐懼死亡是沒有意義的。」

有天下午，周豔正在彈鋼琴，7 歲的兒子走了進來。他聽了一會說：「媽，你彈得不怎麼動聽！」

不錯，是不怎麼動聽，甚至任何認真學琴的人聽到她的演奏都會挑出不少錯誤，不過周豔並不在乎。多年來，周豔一直就這樣不斷彈著，她彈得很高興。

周豔也曾熱衷於不動聽的歌唱和不耐看的繪畫，從前還自得其樂於蹩腳的縫紉。周豔在這些方面的能力不強，但她不以為恥，因為她不是為他人而活著，她認為自己有一兩樣東西做得不錯就足夠了。

生活中的我們常常很在意自己在別人的眼裡究竟是怎樣的形象。因此為了給他人留下一個比較好的印象，我們總是事事都要爭取做得最好，時時都要顯得比別人高明。在這種心理的驅使下，人們往往把自己推上了一個永不停歇的痛苦循環。

事實上，人生活在這個世界上，並不是一定要壓倒他人，也不是為了他人而活著。人活在世界上，所追求的應當是自我價值的實現以及對自我的珍惜。不過值得注意的是，一個人是否能實現自我，並不在於他比他人優秀多少，而在於他在精神上能否得到幸福和滿足。只要你能夠得到他人所沒有的幸福，那麼即使表現得不出眾也沒有什麼。

人的一生，如同在江河中泅渡。身邊有時是驚濤拍岸卷起千堆雪，

有時是長溝流月去無聲……一味強渡搶渡，最容易陷入舉步維艱、事倍功半的境地。而如果你懂得了「隨」字訣，對於人生的各種變故與動盪就不會那麼手足無措，大可以在輕鬆寫意中化解各種矛盾。

所謂「隨」，不是跟隨，而是順其自然，不躁進、不強求、不過度、不怨恨。《道德經》中「人之生也柔弱，其死也堅強；草木之生也柔脆，其死也枯槁」，一語道破了順其自然的根本理由——為了生存。有機的生命體從來都是柔性的，只有在死亡之後才變得堅硬。而堅硬的東西通常都易受損、易碎、易滅失。所謂「柔弱者，生之途；堅強者，死之途」，因此生存之本是順其自然，為人處世，亦是如此。

所謂「隨」，不是隨便，不是隨波逐流，而且還是一種有智慧的勇敢。它是懷著堅定的信念，順天道、識大體、持正念、擇正行，在順應中努力，在屈中求伸。要修成糊塗真功，先得學會「隨」字心法。心境放隨和了，身段就柔和了。能進則進，當止就止，於不經意間收穫豐碩的人生。

老子曾經讚美水說：上善若水。他認為水有七種美德（七善），其中有兩種分別為「事善能」、「動善時」。前者的意思是：處事像水一樣隨物成形，善於發揮才能。後者的意思是：行動像水一樣涸溢隨時，順應天時。由此可見，道家的無為，實質上是指遵循事物的自然趨勢而為，即凡事要「順天之時，隨地之性，因人之心」，而不要違反「天時、地性、人心」，憑主觀願望和想像行事。

隨便一點，隨和一些，水自漂流雲自閒，花自零落樹自眠。世間熱鬧紛擾，你抽身而出，不為利急，不為名躁，不激動，不衝動，進退有據，左右逢源。這樣貌似糊塗的人生，何嘗不是一種幸福人生？

「春有百花秋有月，夏有涼風冬有雪；若無閒事掛心頭，便是人間好時節。」這首詩出自無門慧開禪師。大自然非人力所能為，卻一年四

季各應其時，各有其美。與自然之美，生命之美相比，其他種種不過是閒事罷了。

留一份歡喜給自己

當坎坷和挫折接踵而來，一次次落在你的肩頭時，你是否覺得自己是這個世界上最不幸的人？當你的生活屢遭磨難，你是否覺得憂愁總多於歡喜？其實，歡喜只是一份心情，一種感受，就看你如何去尋找。

實際上，那些唱著歌昂首闊步走路的人，那些懷著許多新的渴望去嘗試生活的人，又有幾個不負擔著沉重的壓力？只不過他們將自己的眼淚和悲傷掩藏起來，將歡喜的一面展現給別人，讓人覺得他們生活無憂無慮，是世界上最快樂的人，而自己也從這種快樂中真正獲得了一份心靈的輕鬆。

每次在街上遊逛，途經一條條長街，那些賣瓜果、冷飲、蔬菜的小販，有的大聲地吆喝著；有的就靠在小樹旁獨自小憩；有的捧著一本書讀著，全然沒有憂鬱和嘆息。他們一定生活得比我們艱難和沉重。如果遇到壞天氣，或許他們沒有一分錢的收入；如果有什麼意外，他們必須獨自去承擔。但是，即使住在低矮的、高價租來的房屋中，依然有香噴噴的佳餚，依然有快樂的歌聲在小屋中飄蕩 —— 那就是對貧苦生活無言的抗爭啊！即便是這樣，苦中作樂、朝不保夕的生活，也給了他們一些別人所沒有的東西，那就是勞動的歡欣。

當外界種種困厄侵襲你心襟，當你悲天憫人時，為什麼不讓自己給自己一份歡喜？

你可以看看雲，望望山，散散步，寫幾首小詩，聽一首激昂的歌，把憂傷留給過去。假如從這裡所得到的快樂遠不能使你擺脫生活的沉重，不妨在心裡默默祈禱，並堅信你就是這個世界上最快樂的人。天長日久，一旦在心中形成了一個磁場，並逐漸強化它，盡心盡力去做好

每件事，讓自己從平凡的生活中得到歡喜，你真的就可以成為這個世界上最快樂的人。

自認為歡喜，並自得其樂，也是對平淡、無聊，甚至不如意的生活的一種抗爭。一個人如果一味沉湎於憂愁的心境，總覺得自己生活得比別人差，處處不順心，怨天尤人，又怎麼能夠讓自己的生活五彩繽紛，又怎麼去獲得生活中的樂趣呢？儘管外界可以剝奪許多誘惑你的東西，讓你身處逆境，讓你免不了心緒沉悶，但是如果你仍可以去創造生活樂趣，去體悟生活中的歡喜，還有什麼能阻攔你前進的步伐呢？

客居異鄉，每當覺得無聊苦悶時，就常常獨自一人上街去看那些平凡的人世。忙碌的人群，新奇鮮豔的商品，綠樹成蔭的小道，嬉戲玩鬧的孩童，隨處可見的小販。漸漸參透：每個生活在世上的人其實都不容易，但是也沒有一個人就此止步不前 —— 因為生活中的歡喜是要自己去尋找的。

人在順境之中，可以樂觀、愉快生活；人在逆境中，也能樂觀、愉快生活嗎？有的人能做到，有的人就不能。

宋代有位高僧，法號叫靚禪師。一次，靚禪師去施主家做佛事，路過一小溪，因前夜天降暴雨，溪水頓漲，加之靚禪師身體胖重，因而陷於溪流之中。他的徒弟連拖帶拽，將其拽到岸上。靚禪師坐在亂石間，垂頭如雨中鶴。不一會，他忽然大笑，指溪作詩曰：

春天一夜雨滂沱，添得溪流意氣多；

剛把山僧推倒卻，不知到海後如何？

靚禪師在如此倒楣、尷尬的情況下，尚能開懷吟詩，真是糊塗到家了。但這種糊塗，又何嘗不是一種超脫、一種自由、一種大歡喜？

要想在逆境中達觀、愉快，除了讓自己鈍化對外界的負面想法之外，一個重要的方法就是換一個角度，站在另一個立場去看待自己所遇到的不幸，設法從中得到快樂。靚禪師陷於溪流之中，一般人認為他應

該垂頭喪氣,自認倒楣而恨恨不已。而靚禪師偏不這樣,而是以一種藐視的態度與溪水對話,並在對話的過程中,寬釋了心懷,得到了樂趣,變煩惱為大笑,這是何等寬廣的胸懷啊!

你能像靚禪師那樣樂觀對待生活嗎?如果不能,你就試著轉變一下觀念,記住:

你改變不了環境,但你可以改變自己;

你改變不了事實,但你可以改變態度;

你改變不了過去,但你可以改變現實;

你不能控制他人,但你可以掌握自己;

你不能預知明天,但你可以把握今天;

你不能樣樣順利,但你可以事事盡心;

你不能左右天氣,但你可以改變心情;

你不能選擇容貌,但你可以展現笑容;

你不能決定生死,但你可以提高生命品質。

數數你擁有的幸福

「數數你擁有的幸福。」大師說,「這個練習可以讓我們重新發現生命的美好。」

有位先生聽了,竟當面哭了起來,他告訴大師:「我錢沒了、老婆也跑了,我已一無所有,又哪來的幸福?」

大師柔聲問道:「怎麼會呢?你一定看得見吧?」

「當然!」他不解地抬起頭來。

大師說:「很好!所以你還有眼睛嘛!你也還聽得見,也能說話。還有,從這些遭遇中,你有沒有得到一些經驗?」

「有。」

「所以,你怎麼能說你一無所有呢?」

　　如果你心情沮喪，你可以常問問自己，有沒有一個健全的身體？有沒有關心我們的父母或伴侶？有沒有愛我們且需要我們的孩子？有沒有對未來的期待──一次假期，還是一場聚會？一次等待的邀約？一個期待的夢想……

　　不要為自己沒有的事物去悲傷，要為自己已經擁有的一切去歡喜。多做「數數我們擁有的幸福」這個練習，想辦法讓自己沮喪的心情飛揚起來。

　　「數數你擁有的幸福」建立在一個深刻的哲學思考上的，即：我們的生命價值究竟是什麼。對這個問題的回答決定著我們對生活價值的判斷和對生活的行動方向，當然也就決定著我們生活的心態。有的人把生命看作是占有，占有金錢，占有權力，占有財富，占有名利，占有……這樣的生命，總是把人生的意義定在一個點上，當這個點實現後，就開始追逐下一個點。也許當他到達一個具體的點，會有一瞬間的快樂，但很快就會被實現下一點的焦慮所代替。在這樣的人生中，人本身成為一種不斷追逐目標的工具，而不是生活本身。所以，這種人的人生總是被忙碌、焦慮、緊張所充斥，爭名奪利，患得患失，到死也沒能放鬆享受一下生命的美好。而有的人則把生命看作是上天給予的禮物，是一個打開、欣賞和分享這個禮物的過程。這樣的人堅信生命本身是快樂、是愛，無論處在什麼樣的環境中，即使是非常惡劣的環境中，他們也能泰然處之，就像是在迪士尼樂園中那樣，興趣盎然地去尋找、發現、享受生命中的每一個樂趣。對於這樣的人來說，重要的不是去擁有什麼，因為他們知道已經擁有了一切；重要的是他們應該如何去生活，是不是真的理解了自己的生命價值。

　　美國心理學專家理查·卡爾森博士就看懂了對待生命不同的態度，要求我們「多去想想你已擁有什麼而不是你想要什麼」。他說：「做了十幾年的心理學顧問，我所見過的最普遍、最具毀滅性的心態，就是把

焦點放在我們想要什麼，而非我們擁有什麼。不論我們多富有，似乎沒有差別，我們還是在不斷擴充我們的欲望購物單，但誰都難以確保我們滿足的欲望。這種心理可能會說：『當這個欲望得到滿足時，我就會快樂起來。』可是，一旦欲望得到滿足之後，這項心理作用卻又不斷重複……如果我們得不到自己想要的某一件東西，就會不斷想著我們還沒有什麼，仍然會感到不滿足。如果我們如願以償得到我們想要的東西，就會在新的環境中重複我們的想法。儘管如願以償了，我們還是不會快樂。」

卡爾森博士針對這個問題，提出了他的解決辦法：「幸好，還有一個方法可以得到快樂。那就是將我們的想法從我們想要什麼轉為我們已經擁有了什麼。不要奢望你的另一半會換人，相反的，多去想想她的優點。不要抱怨你的薪水太低，要心存感激已經有一份工作可做。不要期望去國外度假，多想想自家附近有多好玩。可能性是無窮無盡的……當你把焦點放在你已擁有什麼，而非你想要什麼時，你反而會得到的更多。如果你把焦點放在另一半的優點上，她就會變得更可愛。如果你對自己的工作心存感激，而非怨聲載道，你的工作表現會更好，更有效率，也就有可能會獲得發展的機會。如果你享受了在自家附近的娛樂，就沒必要等到去國外旅遊時再享樂，你同樣會得到很多的樂趣。由於你已經養成自得其樂的習慣，如果你真的沒有機會去國外旅遊，你也並不會在意，反正你也已經擁有美好的人生了。」

最後，卡爾森博士建議道：「給自己寫一張紙條，開始多想想你已經擁有什麼，少去想你還要什麼。如果你能這麼做，你的人生就會開始變得比以前更好。或許這是你這輩子第一次知道真正的滿足是什麼意思。」

人的幸福，與其說來自生活的厚饋，不如說來自於日常生活中的微利。

快樂可以很簡單

　　一群喜好喝茶的老人，閒來無事，定期相邀品茗話家常。大家的樂趣之一，是找出各式各樣名貴的好茶，以滿足口欲。

　　某次，輪到最年長的一位老人做東，他以隆重的茶道接待大家，茶葉是從一個高級昂貴的金色容器中取出來的，放在一個價值非凡的杯子裡，橙黃的茶水倒入其中，如同瓊汁般美麗。人人對當天的茶讚不絕口，並要求其公開調配的祕方。

　　長者悠然自得地應道：「各位茶友，你們如此讚賞的好茶，是我剛剛從雜貨店買來的，是一般人所喝的最普通最便宜的茶葉。生活中最好的東西，往往是既不昂貴也不難獲得。」

　　雕塑家羅丹（Auguste Rodin）說：「美是到處都有的，對於我們的眼睛，不是缺少美，而是缺少發現。」

　　歷史學家威爾·杜蘭特（Will Durant），希望在知識中尋找快樂，卻只找到幻滅；他在旅行中尋找快樂，卻只找到疲倦；他在財富中尋找快樂，卻只找到紛亂憂慮；他在寫作中尋找快樂，卻只找到身心疲憊。有一天，他看見一個女人坐在車裡等人，懷中抱著一個熟睡的嬰兒。一個男人從火車上走下來，走到那對母子身邊，溫柔地親吻女人和她懷中的嬰兒，小心翼翼怕驚醒孩子。然後這一家人開車走了，留下杜蘭特望著他們離去的方向。他猛然驚覺：快樂其實很簡單，日常生活的一點一滴都蘊藏著快樂。

　　我們中的大多數人一生都不見得有機會可以贏得大獎，不說諾貝爾獎或奧斯卡獎，這類大獎總是留給少數菁英分子，哪怕是買彩票也很難中大獎。理論上來說，每個自由地區出生的孩子都有當上總統的機會，但是實際上我們大多數人都會失去這個機會。

　　不過我們都有機會得到生活的小獎。每一個人都有機會得到諸如一

個擁抱，一個親吻，或者只是一個親人的真心讚許！生活中到處都有小小的喜悅，也許只是一杯冰茶，一碗熱湯，或是美麗的落日。更大的單純樂趣也不是沒有，生而自由的喜悅就夠我們感激一生。這許許多多的點點滴滴都值得我們細細去品味、去咀嚼。也就是這些小小的快樂，讓我們的生命更加甜美，更值得眷戀。

一萬個開心的理由

從前的人們相遇，打招呼時喜歡說：「吃了嗎？」

後來改成了：「你好！」

如今，在一部分人口中，又變成了：「開心點！」

由物質到精神，關心的內容發生了變化。

然而，開心的理由呢？在對一些女士的調查中，所得到的回答各不相同。

一位老太太，已老到走路不能自如的境地，還堅持在景山公園的臺階上，一階一階往上走。她臉上陽光燦爛：這是我每天最開心的事呀。

一個女孩，整天忙碌在辦公室，無非列印檔案，都是一些很瑣碎的事情。可一到休息日，她就閒得憂鬱，因而總嘮叨說：只有工作才能使我開心。

一個操勞了一輩子的母親，不穿金，不戴銀，不吃補品，不當王母娘娘，每日辛勞不輟，笑呵呵回答兒女們的是：全家平平安安比什麼都讓我開心。

一個下崗女工：能給我一份工作，我就很開心了。

一個小保姆：主人家信任我，不見外，我就覺得開心。

一個小女生：哎呀，星期天早上能讓我睡夠了，最開心！

生活就是世界上最難的一道題，複雜得永遠解不完。可是生活又簡單得只要有一顆透明的水滴、一首詩、一支歌、一朵小花、一片綠葉、

一隻小動物……就能讓我們開心得如神仙般而飄然起來。

人心是自然界最深不可測的大海，然而，也是最容易滿足的乖孩子，一句寬心的話，一張溫暖的笑顏，一個會心的眼神，一聲真誠的問候，一個善良的祝福……就能成為一根棒棒糖，一顆開心果，能一直甜到我們心裡，使我們回到開心的童年。

流行歌曲中有唱：「一千個傷心的理由……」如果你真的有一千個傷心的理由，請別忘了你還有一萬個開心的理由。

生活的優雅與獨處

當我們學會了優雅生活時，就會有一種甜蜜、溫柔的感受傳透全身，整個人都會輕鬆起來。在緊張、壓抑的時候，享受一下必要的獨處時光，是優雅生活的必要選擇，如果長期沒有獨處去反省自己並自我充實，人可能會變得很煩躁。

很多人之所以在壓力下還能夠保持優雅的態度，那都要歸功於他們能夠經常小心護衛他們的自由和獨處時間。請你學一下他們，從現在起，每天想盡辦法抽出 15 分鐘時間作為獨處的開始，你會發現，15 分鐘的效果相當驚人。我們都需要一個獨處的地方讓自己完全放鬆。你可以找個讓你覺得舒服的地方，甚至可以選擇浴室、陽臺，或是附近的公園、圖書館。好好度過你的獨處時間，只有你發現了真實的自我，才能體會到自己真正活著。

獨處，會讓我們暫時卸下與人接觸時所戴的面具，讓我們的心情恢復恬靜自然。在事務繁忙、交通擁塞、交際頻繁的現代社會，想偶爾擁有完全獨處的機會，真的很難得。

林白夫人曾說過：「生活中重要的藝術在於學習如何獨處。」

獨處是將自己暫時與外界不重要的、膚淺的事物隔離，為的是尋覓內在的力量。這種內在的心靈力量將可以使我們的精力充沛，品格提

升。一個人如果只是孤寂隱退，而未發掘內在的力量，那麼他的生活便不會達到最完善的境界。

每個時代的聖哲與天才，都能從孤寂中獲得極豐富的靈感，每個人也都可以從短暫的孤寂中有所收穫。不過，我們不必刻意為了爭取獨處的時刻，而讓自己的行為顯得怪僻偏頗。

想要享受獨處的時光，平時不妨獨自在寂靜的小道散步，或早晨早起一小時，獨自欣賞破曉天明的絢麗景觀，或在公園小椅上閒坐片刻，或騎車在郊區慢慢兜風。生活再怎麼忙碌，片刻的悠閒時光總會有的，何不用這片刻的悠閒，給我們的心情放個假？

獨處可以讓我們停下來好好分析自己的煩愁，然後想出辦法加以驅除。

獨處不是孤寂。假使你害怕孤寂，那麼一定要小心檢討自己，因為那代表你的心靈出了毛病。

記住，要設法讓思緒紛亂的自己停下來，騰出時間走進心靈深處，與真實的自己共處反省，也許你會產生一種驚喜，因為你碰到一個知心朋友，那就是你自己！

莫奢望成為萬人迷

在我們的潛意識裡，大概都希望自己是一個人見人愛的人。在這一點上，可以說我們都還是沒有長大的中學生。對一群中學生提出一個問題來進行測驗：「什麼是你最深切的期望？」測驗的結果，絕大多數的學生說，他們希望能成為大家所喜歡、得人心、受尊重的人。天下人人皆有此心。確實，誰不希望被別人想念著、關切著，甚至被愛慕著？

心理學家分析說，「人類本性上最深的企圖之一，就是期望被欽佩、讚美、尊重。」渴望受人喜歡、受人尊敬，成為每個人喜愛結交的人，這是在我們內心中普遍存在的一種美好願望。

不過，無論你能深受眾望到什麼程度，要讓每一個人都喜歡你，那是絕對不可能的。在人類的本性上有著這麼一種怪癖，有一些人就是不喜歡某些東西。比如，在牛津大學的一個牆頭，寫著這麼一首四行詩：

「我不愛你，費爾博士，

為什麼？我也說不出理由來。

但是，這一點我很清楚，

我不愛你，費爾博士。」

這首詩殊為微妙，作者根本不喜歡的費爾博士卻是一位親近的人，如果作者對費爾博士認識或了解得更多點，他或許會喜歡他，偏偏那可憐的博士在這四行詩作者的眼裡就是那麼不得人心。這可能只是因為博士缺乏一種令作者親近的和睦氣質，這是很重要的氣質，這氣質決定著某一群體與這個人之間的親近與否。

不要奢望自己成為「萬人迷」。青菜蘿蔔，各有所愛，即使你是一個完美無缺的人，也無法保證人人都喜歡你，何況這世上並不存在完美的人。一些奢望成為「萬人迷」的人，為了取悅不同的人而不斷委屈自己、迎合他人，結果在變來變去中迷失了自己。一旦丟失了自己本色的人，連得到旁人的尊重都難，談何喜歡？

一笑而過的淡定

俄國著名作家契訶夫（Anton Pavlovich Chekhov）在小說《小公務員之死》中，寫了一個小公務員坐在某個將軍的後排看戲，不慎打了一個噴嚏。打噴嚏本來就是人的正常生理反應，窮人打噴嚏，富人也打噴嚏，罪犯打，員警也打，並沒有什麼特別的。這個小公務員起先不覺得有什麼不妥，但當他看到坐在前面第一排座椅上的人是三品文官布里札洛夫將軍，他有些慌了。將軍正用手套使勁擦他的禿頭和脖子，嘴裡還

嘟噥著什麼。

小公務員認為自己的噴嚏可能噴到將軍了，然後就開始如祥林嫂絮叨那般不停道歉。將軍在看戲時被他攪得煩躁不已。幕間休息時，他還在鍥而不捨地道歉，將軍回答他：「哎，夠了！我已經忘了，您怎麼一直提它呢！」

小公務員卻不依不饒，散戲後又登門道歉，搞得將軍莫名其妙，終於在大怒之下將他趕出了大門。小公務員誤認為將軍還不寬恕自己，最終在驚嚇與懊喪中鬱鬱身亡。

一個噴嚏搞得自己終日惶恐，最終丟了性命，這或許是文學的虛構，不過，在現實生活中，類似為了一點小事惴惴不安的人還真不少見。

有人無意間說錯了一句話，傷害了朋友，為了不影響兩人之間的友誼，他開始向朋友不停解釋。

有人付出了大量的心血，卻沒有得到應有的認可，便開始不停解釋，希望人們認可自己的付出。

人的一生中有許多事情需要為自己解釋，儘管這些解釋看似非必要，儘管人們在聽你解釋時會忍不住點頭，儘管你為自己解釋花去了大量的精力，但最後換來的又能是什麼？是人們的同情，還是人們真正的理解？有時解釋可以消除誤會，但有時解釋不僅是多餘的，還會增加煩惱。我們何必為了自己做錯了一件小事，或是與別人發生了小的誤會而去苦苦糾纏和解釋！時間能做出最好的解釋，事實會做出最公正的回答。

一次，有一位學者去訪問原美國海軍陸戰隊的將軍 —— 史密德里・柏特勒少將。這位少將是所有統率過美國海軍陸戰隊的人裡最多姿多采的將軍。學者對少將的處事作風作了尖銳的批評，並將批評文章刊登在報紙上。但少將卻是一副滿不在乎的樣子。少將說：「我了解，買

了那份報紙的人大概有一半不會看到那篇文章；看到的人裡面，又有一半會把它只當作一件小事情來看；而在真正注意到這篇文章的人裡面，又有一半在幾個星期之後就會把這件事情全部忘記。一般人根本就不會想到你我，或是關心批評我們的什麼話，他們大部分時間裡會想到他們自己，無論是早飯前，還是早飯後，還是一直到午夜時分。他們對自己的小問題的關心程度，要比你或我遇到的大消息更關心一千倍。所以我們還有必要解釋呢？」

這位將軍的態度非常值得我們學習。我們雖然不能阻止別人對自己做出任何不公正的批評，但我們卻可以做出一件更重要的事：可以決定自己是否受到那些不公正批評的干擾。當然，不為無謂的爭執付出更多時間的解釋，並不是說拒絕接受一切批評，我們只是不要去理會那些不公正的批評罷了。

美國一家公司的總裁在被人問及是否對別人的批評敏感的時候回答說：「是的，我早年對這種事情非常敏感。我當時急於要讓公司裡的每一個人都認為我非常完美，要是他們不這麼想，我就會很憂慮。只要哪一個人對我有些怨言，我就會想方設法去取悅他。可是我所做討好他們的事情，總會使另外一些人生氣。然後等我想要彌補這個人的時候，又會惹惱了其他一些人。最後我發現，我越想去討好別人以避免別人對我的批評，就越會使批評我的人增加。所以，最後我對自己說：只要你在工作就一定會受到別人的批評，所以還是趁早不去考慮這些為好。這一點對我大有幫助。從那以後，我就決定盡我最大能力去做我該做的事情，而不去關注如何改變別人的看法。」

一個教授對他學生發表演講時表示，他所學到的最重要的一課是一個曾在鋼鐵廠裡做事的德國老人教給他的。那個德國老人跟其他的一些工人發生了爭執，結果被那些工人丟到河裡。當他走進我的辦公室時，

老人渾身都是泥和水。我問他對那些把他丟進河裡的人說了什麼？他卻回答說：我只是笑一笑。

教授先生說，後來他就把這個德國老人的話當作他的座右銘：只是笑一笑。

一笑而過，其實是一種大智慧。用這種智慧指導自己的人，比一味辯解的人更能得到他人的諒解、理解與敬重。

勇敢地說「不」

一個虔誠的信徒向大師請示開悟。大師叫他先建一座廟，信徒馬上照辦。廟蓋好了，大師不滿意，叫他拆掉重新蓋。信徒照辦了。大師仍不滿意，叫他再拆掉重蓋，信徒毫無怨言照辦了。如此反反覆覆，信徒蓋好了第 20 座廟，大師又要他拆掉，信徒忍不住說：「你自己去拆吧！大師！」

「現在你終於開悟了。」大師說。

有一位偉人曾經這樣說：「在超越某種限度之後，寬容便不再是美德。」

一點都沒錯。有些時候，之所以常把日子過得一團糟，就是因為我們說了太多次的「好」，而不懂得說一聲「不」。

太忙於做好人，以至於找不到時間去做好事，這就是問題所在。這種人生也就是不完美的人生。

曾聽朋友講過這樣一個故事。

他剛參加工作不久，姑媽來看他。他陪著姑媽轉了轉，就到了吃飯的時間。

他身上只有 200 元，這已是他所能拿出招待對他很好的姑媽的全部現金。他很想找個小餐廳隨便吃一點，可姑媽卻偏偏看中了一家高級的餐廳。他沒辦法，只得隨她走了進去。

　　倆人坐下來後，姑媽開始點菜，當她徵詢他意見時，他只能含混說：「隨便，隨便。」此時，他的心中七上八下，放在衣袋中的手緊緊抓著那僅有的 200 元。這錢顯然是不夠的，怎麼辦？

　　可是姑媽一點也沒在意他的不安，她誇這裡可口的飯菜，可憐的他卻什麼味道都沒嘗出來。

　　最後的時刻終於來了，彬彬有禮的侍者拿來了帳單，徑直向他走來，他張開嘴，卻什麼也沒說出來。

　　姑媽溫和笑了，她接過帳單，把錢給了侍者，然後盯著他說：「孩子，我知道你的感覺，我一直在等你說不，可你為什麼不說呢？要知道，有些時候一定要勇敢堅決把這個字說出來，這才是最好的選擇。」

　　何必處處迎合與遷就他人呢？多做一些利人之事固然是一種美德，但一味迎合他人，而使自己委曲求全，未免也太自虐了。明明內心不願意，卻為了顧及形象或面子死撐著，別人是高興了，那你自己呢？

　　很多時候，適當的拒絕是一種理性，處處說「是」的人，最容易讓「是」與願違。因為你沒有足夠的精力與能力去讓「是」兌現。

　　適當的拒絕還是一種呵護，處處說「是」的人，容易把自己生活交給別人去支配。生活主動權的喪失，意味著樂趣的喪失。

　　適當的拒絕更是一種力量，處處說「是」的人，其「是」並不顯得珍貴。因為有「不」的存在，「是」才體現出它的價值。

　　在你不願意說「是」時，請遵循內心的指引，勇敢說出「不」字。

用幽默自我解脫

　　俄國著名寓言作家克雷洛夫（Ivan Andreyevich Krylov）早年生活窮困。他住的是租來的房子，房東要他在房契上寫明，一旦失火，燒了房子，他就要賠償 15,000 盧布。克雷洛夫看了租約，不動聲色在 15,000 後面加了一個零。房東高興壞了：「什麼，150,000 盧布？」「是啊！

反正一樣是賠不起。」克雷洛夫大笑。

在現實生活中，我們有時難免會遭遇到不公正的待遇，但很多人卻不能用幽默的態度去對待委屈，以至於讓自己的情緒陷入低谷，或是做得更過分，去報復社會和他人。這些都不可取，折磨自己沒必要，折磨他人反過來再被他人所折磨，那種做法是不是有點不恰當。如果我們學會幽默，就會在所謂的委屈之外發現令人無比快樂的東西。由痛苦到快樂，一定要具備某種超越精神。只有超越了現實，才能俯視現實，就像對待困難要採取樂觀的態度一樣。樂觀不僅可以解脫你所受到的不公正待遇，還可以幫助解救那些深陷困擾的其他人。

要是火柴在你的衣袋裡燃起來了，那你應當高興，而且感謝上蒼：多虧你的衣袋不是火藥庫。

要是有窮親戚上別墅來找你借錢，那你不要臉色發白，而要喜氣洋洋叫道：「真好，幸虧來的不是劫匪！」

要是你的手指頭扎了一根刺，那你應當高興：「挺好，多虧這根刺不是刺在眼睛裡！」

你該高興，因為你不是拉長途馬車的馬，不是細菌，不是毛毛蟲，不是豬，不是驢，不是熊，不是臭蟲……你要高興，因為眼下你沒有坐在被告席上，也沒有看見債主在你面前，更沒有躺在病床上沒錢開刀。

要是你有一顆牙痛起來，那你就該高興：幸虧不是滿口的牙都痛起來。

沒有幽默感的人不會正向看待這個世界，不會樂觀看待自己的生活。當然樂觀也不是盲目的，而是有所依附，是一種徹悟之後的豁達。樂觀看待生活，幽默自然而生。

生活難免沉重，人生總有痛苦；上帝真的是很忙，現在世界上人口增長了那麼多，他肯定無法解脫每一個痛苦的人們。當我們獨自在沼澤

裡掙扎、悲哀與無望時，我們要勇敢自我解脫，就像用一根針，刺破現實殘酷的魔咒，刺破心頭鼓鼓的氣球。

有了幽默，我們將可以自我解脫。

第八章
謙卑處世，低調做人

在我們身邊，為什麼總有的人活得那麼累？有的人卻活得那麼輕鬆呢？活得累的人，不一定都是窮人，也不一定就是惡人：活得輕鬆的人，不一定都是富人，也不一定就是好人。但是，為什麼有的人就那麼讓人喜歡，而有的人就那麼讓人厭惡呢？

這其中，有一個如何做人的問題。人要想活得不累，活得自如，活得讓人喜歡，最簡單不過的辦法，就是要學會謙卑處世、低調做人。謙卑處世和低調做人，不僅可以保護自己、融入人群，與人們和諧相處，也可以讓人暗蓄力量、悄然潛行。

可以說，人際關係是人立世的根基。根基既固，才有枝繁葉茂，碩果累累；倘若根基淺薄，便難免枝衰葉弱，不禁風雨。而謙卑和低調的人就是在社會上加固立世根基的絕好姿態。一個人應該和周圍的環境相適應，適者生存。曲高者，和必寡；木秀於林，風必摧之；人浮於眾，眾必毀之。低調做人才能保持一顆平凡的心，才不至於被外界左右，才能夠冷靜，才能夠務實。

謙卑和低調的人，在卑微時安貧樂道、豁達大度，在顯赫時持盈若虧、不驕不狂。他們凡事想得通、看得開、放得下。

謙卑並不意味著多顧他人少顧自己，也不意味著承認自己是個無能之輩，而是意味著從根本上把自己置之事外。

—— 威廉・特姆波

虛榮心很難說是一種惡行，然而一切惡行皆因虛榮心而生，都不過是滿足虛榮心的手段。

—— 伯格森（Henri Bergson）

我們要謙虛地徵求他人的意見，但是千萬要記住：不要讓他人的意見左右我們的意志。

—— 傑弗遜（ Thomas Jefferson）

　　人類要有自知之明，把自己看成無所不能的人是世界上最愚蠢的人。

—— 楊格

謙遜的人受傷少

　　做人謙遜，與一個人的心情好壞有莫大的關係。首先，一個謙遜的人不會把自己看得那麼重要，一些在別人眼裡莫大的「傷害」與「恥辱」，在他們眼裡或許不值一提。

　　此外，謙遜的人恪守的是一種平衡關係，也就是讓周圍的人在對自己的認同上達到一種心理上的平衡，並且從不讓別人感到卑下和失落。古人有「滿招損，謙受益」的箴言，忠告世人要虛懷若谷，對人對事的態度不要驕狂，否則就會使自己處在四面楚歌之中，被世人譏笑和瞧不起。謙遜的人輕易不會受到別人的排斥，反而容易得到社會和群體的吸納和喜歡。

　　湯瑪斯・傑弗遜（Thomas Jefferson）（1743 至 1826 年）是美國第 3 任總統。1785 年他剛擔任駐法大使，一天，他去法國外長的公寓拜訪。

　　「您代替了佛蘭克林先生？」外長問。

　　「是接替他，沒有人能夠代替得了他。」傑弗遜回答說。

　　傑弗遜的謙遜給世人留下了深刻印象。謙遜的目的，並不在於讓我們覺得自己渺小，而是用我們的權力來了解自己以及對於社會的貢獻。除了傑弗遜，愛因斯坦（Albert Einstein）和甘地等偉人，都是謙遜為懷的代表者。當然，他們並不自卑，他們對自己的知識和服務人群的目標，以及使世界更趨向美好的願望而充滿了自信心。

　　謙遜絕非自我否定，而是自我肯定，是實現我們為人的正直與尊嚴。謙遜也是成功與失敗的融合，我們對於過去的失敗有所警惕，對於現在的成功有所感慨，但不能讓成敗支配自己。謙遜還具有平衡作用，

不讓我們隨便超越自己的能力，也不會讓我們使自己總處於劣勢；它更不是讓我們高人一等或屈居人下。謙遜即是寧靜，使我們不受往日失敗的拖累，也不因今日的成功而自大。謙遜是一種情緒的調節器，使我們保持自我本色，青春常駐。

謙遜至少具有下列 8 種「成分」。

(1) 誠懇：誠以待己，誠以待人。

(2) 了解：了解自己所需，了解他人所需。

(3) 知識：知道自我的本色，不必模仿他人。

(4) 能力：聆聽與學習的能力。

(5) 正直：建立自我的內在價值感，並忠於這份感覺。

(6) 滿足：了解和建立心靈的平和，不需小題大做。

(7) 渴望：尋求新境界、新目標，並且付諸實行。

(8) 成熟：成熟是彩虹末端的黃金，因成熟而了解謙遜，因謙遜而獲得成功。

謙遜並不表示卑賤，它是快樂的源泉。或許，英國小說家詹姆斯‧巴里（James Miranda Steuart Barry）的話更為中肯：「生活，即是不斷學習謙遜。」

卸下面子的包袱

面子如同一個沉重的包袱，壓迫了我們數千年。在這個包袱的壓迫下，我們一張嘴，往往可以說出諸如「人活一張臉，樹活一張皮」之類的言論。為了面子，我們當中不少人死撐著，也不肯「丟臉」。有的人，甚至為了所謂的面子，而丟失性命。

一位外國學者曾這樣評價：「為了保持體面，中國人產生出外國人無論如何體會不出來的『面子』經。『有面子』是一種硬抬高的體面；『失

面子』則是一種有失體面的恥辱，而一旦失去面子就等於精神上的死亡；『不要面子』是不顧自己體面。不論怎樣善良柔弱的中國人，為了『面子』甚至可以和任何強者搏鬥。當『面子』受到損害而無力恢復時，人會表現出相當的高傲，而且為了挽回自己表現的這種高傲，激憤而不惜以死相爭者不計其數。」

總之，在外國人眼中，華人特別「愛面子」、「講面子」，甚至達到了某種不可思議的病態程度。

林語堂先生就說過：「面子、命運和人情為統治中國的三女神。」外國學者對我們有那麼一種評價：對中國人大部分行為、態度的分析，總結就是『面子』。那不可思議的感受性，隱祕性、被謙讓掩蓋著的根源，在於極度虛榮的、病態的功利主義。

說得一點也沒錯，「愛面子」、「講排場」的確成為支配許多人行為的基本出發點。因此就常有這麼一句話可以概括這種行為：「死要面子活受罪」。一些人為了「愛面子」甚至可以忍受任何的痛苦，即使自己受罪也無所顧忌。

譬如，有的人經濟上原本十分拮据，完全沒有實力與他人比闊綽，然而為了「死要面子」，就節衣縮食，「勒緊了自己褲腰帶」，甚至「舉債」，也要與他人比闊。

有的人為了「死要面子」，自己本無多大的實力和「後臺」，然而卻製造假象，矇騙他人，有的四處吹噓自己如何有「有能耐」，有的則無限誇大自己的「後臺」是如何的「硬」，什麼事情都能辦得到。

有的人為了「死要面子」，明明自己是「普通人」，然而一到某些場合就顯得尤其活躍，硬是往「名流」裡去靠，借「名流」的聲望來抬高自己。

有的人為了「死要面子」，明明是靠意外獲得成功，明明自己「喜出望外」，內心激動萬分，然而卻裝得很有「修養」，異常「深沉」，還顯

出若無其事的樣子來，一副過於謙虛、故作姿態的樣子。

有的人為了「死要面子」，還不惜採取卑劣的手段誣陷他人，透過打擊他人的方式來抬高自己。

有的人為了「死要面子」，見榮譽就爭，見利益就搶，不放過任何的機會來抬高自己、打扮自己。

有的人為了「死要面子」，自己犯了錯誤還「死不認帳」，即使當面被人揭穿也要死撐到底，有的甚至還要倒推一把，將原因推給他人，或是避重就輕，將原因歸之為客觀所致，總之，千方百計開脫自己的責任。

有的人在學術上明明是「草包」一個，然而為了「死要面子」，也不顧自己是不是理解，裝腔作勢、咬文嚼字、拿腔拿調、引經據典，一副假斯文的樣子來。更有甚者，那就是剽竊、抄襲，凡是能想到的下流手段都敢用。

有的人為了「死要面子」，對那些不給自己「面子」的人或是威脅到自己「面子」的人，往往採取貶抑甚至惡毒攻擊的態度，以及「一報還一報」的報復態度，以維護自己所謂的尊嚴。

總之，當一個人陷於「死要面子」的誤區時，他的心理，他的行為就會變得不可思議，其結果無外乎「活該受罪」。

面子終究是一種表面的虛榮。為了「面子」而置「裡」不顧，完全是本末倒置。所謂「裡」，就是你內在的東西。比如知識、智慧、道德以及心靈的自由與快樂。外在的面子，只不過是一張易碎的薄紙而已。

面子的紙糊在我們的臉上久矣，卸下它，你將呼吸到新鮮的空氣，感受到那風和日麗的天空。

別人沒那麼在意你

人之所以看重面子，其實是過於在乎別人的評價。穿不穿名牌，參

加同學聚會時會不會被別人看不起；說失業不好，還是說自己從事自由業吧……

當你在意別人的評價時，有沒有想過：別人真的有那麼在意你嗎？

張先生因為工作的變動調到了一個新的部門，這個部門似乎沒有以前的職位風光，也沒有以前的地位顯赫。他總是擔心別人會有什麼其他的想法，「怎麼回事，是不是犯了錯誤而下來」等等，雖然是正常的工作調動，但還是擔心別人會說些什麼，於是沒事時待在家中好久沒有露面。

有一天，他在大街上遇到一個熟人，熟人問：「你調到哪了？」張先生回答：「不做了，調到另一個部門去了。」對方說：「好呀，祝賀你！」張先生笑笑：「有時間去玩呀。」然後作別。但是心裡卻有一種淡淡的酸楚，害怕熟人是在笑話他。

過了不久，張先生恰巧又碰到了那位熟人，熟人又問：「你調哪去了呢？」他只得將以前的話又重複了一遍：「我調到另一個部門去了，有時間去玩。」

回到家，張先生心裡突然開朗，好像是一下子悟出什麼。是呀，自己整天擔心別人說什麼，整天把自己當回事，而別人早把自己忘了。於是，照舊和原來一樣，和朋友們一起聚會聊天，大家依然是那樣的熱情，依然是那樣的真誠和開心。

其實，很多的人不堪煩惱，只是自己杯弓蛇影的自戀和自虐而已。所有的擔心和疑惑，大多是自己內心的原因。在別人的心中，其實並不那麼重要。

生活中常常碰到的許多事，比如說了什麼不得體的話，被他人誤會了什麼，遇到了什麼尷尬的事等等，大可不必耿耿於懷，更不必揪住所有人去做解釋，因為事情一旦過去，沒有人還有耐心去理會別人曾經說過的一句閒話，一個小的過失和疏忽等。你念念不忘，說不定別人早已

忘記了，不要太把自己當回事了。反過來我們也可以問問自己，別人的一次失誤或尷尬，真的會總在你的心頭揮之不去，讓你時時惦念嗎？你對別人的衣食住行真的那麼關心，甚至超過關心自己嗎？

　　人生中有那麼多的事，每個人連自己的事都處理不完，自然沒有多少人還會去關心與自己不太相關的事情。只要你不對別人造成什麼傷害，只要不是損害了別人的利益，沒有什麼人會對你的失誤或尷尬太在意，也許第二天太陽升起的時候，別人什麼事都沒有，只有自己還在耿耿於懷。所以你要明白，在別人的心中，你並沒有那麼重要。

坦承自己的不足

　　有個窮人到雅典的一家銀行應聘門衛工作，人家問他會不會寫字，他很不好意思地說：「我只會寫自己的名字。」他因此沒能得到這份工作，無奈之下他借了點錢去另找出路，渡海去了美國。

　　幾年後，他竟然在事業上獲得了巨大成功。

　　一位記者建議他說：「您應該寫本回憶錄。」

　　這位企業家卻在眾多媒體人物到場的情況下笑著說：「絕不可能，因為我根本不識字。」

　　記者大吃一驚。

　　企業家很坦然地說：「任何事有得必有失。如果我會寫字，也許現在我還只是個看門的。」

　　這位企業家並沒有因為自己是一個有身分的人而認為自己不識字是低人一等或沒有品位。他認為，誠實才是做人的靈魂。

　　當然，不誠實表現在多個方面。有一種不誠實就是不懂裝懂。世界這麼大，新鮮事物那麼多，一個人不可能對所有的事物都了解，對所有的知識都掌握，大千世界中必定有你所不知道或知之甚少的東西，所以說，沒有必要不懂裝懂。要知道，不懂裝懂的做法一旦被別人識破，不

但顯不出自己的品位，反而更會讓人瞧不起，還難免被人故意利用弱點加以愚弄，那滋味恐怕更不好受。

生活中常有這樣一些人，到處充當「無所不知」先生。每當人們談起一個有興趣的問題時，他就不知從什麼地方鑽出來，接過話頭信口胡說：「這個嘛，我知道……」捕風捉影胡說一通，即使牛頭不對馬嘴也毫不臉紅。

這樣做看似有面子，但容易弄巧成拙。不願意被輕視而經常隱瞞自己不知道的事情，強把不知以為知，在他人面前冒充有學問的人。但想沒想過世上還是謙虛的人多，人家沒有像這種人一樣誇誇其談，但並不說明他們不懂。而他們卻在班門弄斧，關公門前耍大刀，最後必然會在人前丟臉。

即使是真有學問的人，也不能太「吹噓」，因為誰也不是什麼都懂、都精通，早晚有一天「一失足」，所有原來吹出來的「良好印象」都將一掃而光。

其實，本著老老實實的態度做人處世，在與人討論問題的時候，「知之為知之，不知為不知」，勇於承認自己有不懂的知識，坦率向內行人請教，反倒能夠留給人們極好的印象。同時自己因謙虛也可以得到不少新的知識，亦不必因自欺欺人而感到內心不安。

這個道理你可能會說「誰不知道！」或許你說得對。問題是對於有些人來說，道理好懂，做起來難，光為了「面子」，就會使人難說「不知道」。

一位研究生曾回憶說，他曾遇到過這樣一件事，學位論文在正式答辯前要送交專家審閱，他便把他寫的有關宇宙觀的哲學論文交給物理系教授，請他多多指教。但他沒有想到的是，這位老前輩第一次約見他的時候就誠懇地對他說：

「實在對不起，你論文中所寫到的物理學理論我還不太懂，請你把

論文多留在我這裡一段時間，讓我先學習一下有關的知識後再給你提意見，好嗎？」

他當時簡直不敢相信自己的耳朵，不是因為相信老教授真的不懂，而是因為這樣一位物理學的權威大家，敢於當著一位還沒有畢業的研究生的面承認自己在物理學領域還有不懂的東西！

老教授大概看出了他內心的疑惑，爽朗地笑了起來：「怎麼，奇怪嗎？一點都不奇怪！物理學現在的發展日新月異，新知識層出不窮，好多東西我都不了解，而我過去學過的東西有很多現在已經陳舊了，我當務之急是重新學習。」

老教授的這番話使這位研究生佩服得五體投地：這才是真正的學者風度！回想起自己經常礙於面子，在同學面前，不知道的事情也硬著頭皮憑著一知半解去發揮，真是慚愧！

在他做論文答辯時，有一位外校的教授向他提出了一個他不懂的問題，他雖然覺得面紅耳赤，但一看到坐在前面的那位物理系教授，頓時勇敢說出「我不知道」。他原以為在場的人會發出譏笑，但結果並沒有發生這種反應。他還見那位教授滿意點了點頭。答辯會一結束，老教授就把他叫到一邊，詳細告訴了他那個問題的來龍去脈，使他大受感動。

老教授敢於向青年承認自己的「不懂」，使研究生對他更加尊敬；研究生深受教育，在答辯時面對難題，也承認了自己知識的不足，同樣受到他人的讚賞。可見，承認「不知道」不但可在人們的心目中增加可信度，消除人際關係中的偏執和成見，開闊視野，增長知識，而且還有另外一大益處：使自己更富有想像力和創造力。

相對老教授和他的學生的謙遜，有一些人已成為名人，就是不能坦承自己的不足，將自己的名聲抹不少黑。有那麼一位中年老師，因為上過電視幾次，又出了幾本書，名聲鵲起。他本來是講歷史的，結果奧運會上他胡亂評論，在觀眾中名聲大跌，網上留言評價相當負面。倘若電

視臺邀請出節目，他大可坦承知識不足，請其他專家出面，這反倒會提高自己聲望。然而，現在在人們心目中，他不過是一個為了面子（或是為了出鏡費）什麼都聊的普通人。

認錯何嘗不體面

是人都難免犯錯。如果你發現自己錯了，最好不要像鴨子似的嘴硬。死扛著不認錯，不僅活得累，而且活得不坦蕩。

有一位教師朋友，他們學校對他的教學工作頗有微詞。一位和他相識的教授曾說了一些看不起他的話，這些話被傳到他耳裡，他只好忍氣吞聲。後來有一天他接到這位教授的來信。那時教授已離開了學校，調到某新聞部門從事編輯工作。教授來信說，以前錯估了他，希望得到原諒。此時，這位教師的各種敵意便立刻煙消雲散了，並極其感動，馬上回信表示敬意。從此他們成了好朋友。

由此可以看到，承認自己的錯誤不但可以彌補破裂的關係，還可以增進感情，但有勇氣承認自己的錯誤卻不是一件容易的事情。有一位名人曾經說過：「人們敢於在大眾面前堅持真理，但往往缺乏勇氣在大眾面前承認錯誤。」有些人一旦犯了錯誤，總是列出一萬個理由來掩蓋自己的錯誤，這無非是「面子」在作怪。他們以為，一旦承認自己的錯誤就傷了自尊，就是丟了面子。這種想法，無異於在製造更多的錯誤，來維護第一個錯誤，真可謂錯上加錯。

古人說過：「人非聖賢，孰能無過，過而能改，善莫大焉。」意思是說，人都會有過失，只要能認識自己的過失，認真改正，就是有道德的表現。孔子曾把「過失」比喻為日食與月食，無論怎樣大家都會看得清清楚楚。最好的辦法是承認自己的錯誤，透過承認錯誤表現出謙虛的品格。知道自己犯錯誤，立刻用對方欲責備自己的話自省，這是聰明的改正方法，這會使雙方都感到愉快。

　　每個人都有自己的自尊心和榮譽感，如果肯主動承認自己的錯誤，這不僅不會使自尊受到傷害，而且也會為自己的品格而感到快樂。

　　事實上，主動承認自己的錯誤，不但可以增加相互的了解和信任，而且能增進自我了解進而產生自信心。有時候，人們非要等到自己看見並接受自己所犯的錯誤時，才能真正了解自己的能力。當年的亨利福特二世就是從錯誤中學習，並在改正錯誤時真正了解自己的能力的。當年，26歲的亨利福特二世接任了美國福特汽車公司的總裁。上任後，他的創新、實驗和努力避免錯誤產生的做法，扭轉了公司虧損的局面。有人問他，如果讓他從頭再來的話，會有什麼不同的表現。他回答道：「我只能從錯誤中學習，因此，我不認為自己可能有什麼與眾不同的作為，我只是盡量避免犯不同的錯誤而已。」

　　承認自己的錯誤並不是什麼恥辱，而是真摯和誠懇的表現。承認自己的錯誤更能顯示自己人格的偉大。但是認錯時一定要出於真誠，不能虛情假意。真誠不等於奴顏婢膝，不必低三下四，要堂堂正正，承認錯誤是希望糾正錯誤，這本身就是值得尊敬的一件事情。假如你沒有錯，就不要為了息事寧人而認錯，否則，這是沒有骨氣的做法，對任何人都無好處。

　　如果你說過傷人的話、做過損害別人的事，承認自己的錯誤會使你心胸坦蕩，這將使你踏向更堅強的自我形象，增進你在他人心中的人格魅力。早在2000年前古希臘的哲學家留基伯（Leucippus）與德謨克利特（Democritus），就從自己與別人錯誤比較中，明確指出：「譴責自己的過錯比譴責別人的過錯好。」不明智的人才會找藉口掩飾自己的錯誤。假如你發現了自己的錯誤，就應盡快承認自己的過錯，這不僅不會有損害你的尊嚴，反而提升你的品格。

用低調化解嫉妒

　　在秦始皇陵兵馬俑博物館，有一尊被稱為「鎮館之寶」的跪射俑。這尊跪射俑是保存最完整的、唯一一尊未經人工修復的秦俑。秦兵馬俑坑至今已經出土清理各種陶俑 1,000 多尊，除跪射俑外，其他皆有不同程度的損壞，需要人工修復。為什麼這尊跪射俑能保存得如此完整？

　　原來，這得益於它的低姿態。首先，跪射俑身高只有 120 公分，而普通立姿兵馬俑的身高都在 180 至 197 公分之間。天塌下來有高個子頂著。其次，跪射俑作蹲跪姿，右膝、右足、左足三個支點呈等腰三角形支撐著上體，重心在下，增強了穩定性，與兩足站立的立姿俑相比，不容易傾倒、破碎。因此，在經歷了兩千多年的歲月風霜後，它依然能完整呈現在我們面前。

　　由跪射俑的低姿態聯想到我們的做人之道。一個人若能在人群中保持低姿態，才高不自詡，位高不自傲，也同樣可以避開無謂的紛爭，在顯赫時不會招人嫉妒，在受挫時不會遭人貶損，能讓自己更好生活且平靜祥和。

　　嫉妒是人性的弱點之一，只不過有的人會把嫉妒表現出來，有的人則把嫉妒深埋在心底。嫉妒是無所不在的，朋友之間、同事之間、兄弟之間、夫妻之間、父子之間，都可能有嫉妒存在。而這些嫉妒一旦處理失當，就會形成足以毀滅人的烈火，特別是發生在朋友、同事間的嫉妒情緒，對工作和交往會造成更大的麻煩。

　　朋友、同事之間嫉妒的產生有多種情況。例如：「他的條件不見得比我好，可是卻爬到我上面去了。」「他和我是同班同學，在校成績又不比我好，可是竟然比我發達，比我有錢！」在工作中，如果你升了官、受到上司的肯定或獎賞、獲得某種榮譽，那麼你就有可能被別人嫉妒。女人的嫉妒還會更多表現在行為上，諸如說些「哼，有什麼了不

起」或是「還不是靠拍馬屁爬上去的」之類的話。但男人的嫉妒通常藏在心裡，有的藏在心裡也就算了，但有的則明裡暗裡跟你作對，表現出不合作的態度。

因此，當你一朝得意時，應該想到並注意到的問題是：

同單位之中有無比我資深、條件比我好的人落在我後面？因為這些人最有可能對你產生嫉妒。

觀察同事們對你的「得意」在情緒上產生的變化，可以得知誰有可能在嫉妒。一般來說，心裡有了嫉妒的人，在言行上都會有些異常，不可能掩飾得毫無痕跡，只要稍微用心，這種「異常」就很容易發現。

而在注意這兩件事的同時，你應該盡快在心態及言行方面做以下調整：不要凸顯你的得意，以免刺激他人，徒增他人的嫉妒情緒，或是激起其他更多人的嫉妒，你若洋洋得意，那麼你的歡欣必然換來苦果。

把做人的姿態放低，對人更有禮，更客氣，千萬不可有倨傲侮慢的態度，這樣就可在一定程度上減少別人對你的嫉妒，因為你的低姿態使某些人在自尊方面獲得了滿足。

在適當的時候故意顯露你無傷大雅的短處，例如不善於唱歌、外文很差等，以便讓嫉妒者的心中有「他也不是十全十美」的幸災樂禍的滿足。

和所有嫉妒你的人溝通，誠懇請求他的幫助和配合，也要指出並讚揚對方有而你沒有的長處，這樣或多或少可消弭他對你的嫉妒。

遭人嫉妒絕對不是什麼好事，因此必須以低姿態來化解，這種低姿態其實是一種非常高明的做人之道。學會低調做人，就是要不喧鬧、不嬌柔、不造作、不故作呻吟、不假惺惺、不捲進是非、不招人嫌、不招人厭，即使你認為自己才華洋溢，能力比別人強，也要學會藏拙。而抱怨自己懷才不遇，那只是膚淺的行為。

少出頭，多自由

　　美麗的花最容易招人採摘，而一朵不顯眼的平凡的花，反而能夠更自由自在地綻放。低調做人者首先給人的感覺就是「貌不驚人」。當然，所謂的「貌」不完全是指外貌，嚴格說是「看上去」的意思，包括一個人的相貌穿著，也包括了行為舉止。這種人給人的感覺是內斂而不張揚、柔和而不粗暴，不顯露山水，也不鋒芒畢露。這種做人的低姿態，能夠減少別人的反感與嫉妒之心。

　　不過在現在，很多的人（特別是年輕人）遇事喜歡張揚，遇人好顯擺，更要命的是抬高自己時還裝作一本正經的樣子，不見絲毫的羞澀。我們經常看到一些人，有八分的才能，卻要十分表現出來，生怕別人不知道，還要說出來。

　　俗話說：槍打出頭鳥。先出頭的鳥，最容易成為獵人眼裡的目標。處世也經常有類似的境遇。木秀於林，風必摧之；行高於眾，眾必非之。要想不成為別人眼裡的靶，最好是自己主動要放下身段，低調做人。

　　做人的低調表現在不輕易出頭，表現在多思索、少說話，表現在多安靜、少喧嘩。不要讓人以為你是個愛搶風頭的人，這樣很容易激起嫉妒，產生矛盾和公憤。

　　但矛盾來了：我們每天忙碌奔走，不是希望自己能夠有一天出人頭地嗎？如果事事都不出頭，自己怎麼會有出人頭地的那一天呢？想出人頭地並不是什麼錯，一個對自己有事業心的人、一個對家人有責任感的人，都會有一些出人頭地的欲望，只不過是有些人隱藏得深一點，有些人隱藏得淺一點。

　　做人做事，又要把握好適當出頭，但不可強行出頭。所謂「強出頭」，「強」在兩層意思。

　　第一「強」是指「勉強」。也就是說，本來自己的能耐就不夠，卻偏偏要勉強去做。當然，我們承認一個人要有挑戰困難的決心與毅力，但挑戰一定要有尺度。明知山有虎，偏向虎山行，如果沒有一定的能耐，何必去送死？如果一定要打虎，先練練功夫才是最明智的選擇。失敗固然是成功之母，但我們不是為了成功而去追求失敗。自不量力的失敗，不僅會折損自己的壯志，也會惹來了嘲笑。

　　第二「強」是指「強行」。也就是說，自己雖然有足夠的能力，可是客觀環境卻還未成熟。所謂「客觀環境」是指「大勢」和「人勢」，「大勢」是大環境的條件；「人勢」是周圍人對你支持的程度。「大勢」如果不合，以本身的能力強行「出頭」，不無成功機會，但會多花很多力氣；「人勢」若無，想強行「出頭」，必會遭到別人的打壓排擠，也會傷害到別人。

　　少出頭，你的身心就會多些隨意與自由。

第九章
化敵為友的妙處

第九章　化敵為友的妙處

　　在現代都市的生活裡，充斥著太多的浮躁與盲動。我們呼喚寧靜與和睦，寧靜讓我們能如嬰孩般沉浸在甜蜜的酣夢裡，和睦讓我們每天沐浴在梔子花般的清香之中。

　　世界上的每一個人都有著不同的個性、習慣、觀念以及思維方式。這就決定了人與人之間的矛盾、衝突在所難免。「敵人」讓我們發怒，使我們內心的寧靜與外界的和睦漸行漸遠。

　　真的是「敵人」破壞了我們的心情與生活嗎？——不，除非你自己願意，任何人都不能主宰你的心情與生活。面對「敵人」，只要你學會了寬恕，你就能找到你失去的一切。寬恕他人，其實就是在善待自己。當我們寬恕了別人，自己的心靈空間也就豁然開朗，心中的陰霾便會一掃而空。

　　寬恕是體諒，並非僅僅是原諒；寬容是一種高尚的行為，更是一種智慧和力量的表現。讓自己的心態變得寬容，世界會變得更加美好。

　　《獅子王》中的辛巴就擁有一顆寬恕的心，最終換來了森林王國的安寧，人類要獲得寧靜同樣也需要一顆善待他人的心。

　　愛經常會讓人們的心靈發生顫動，因為我們太缺乏愛了。

——漢姆生（Knut Hamsun）

　　人心不是靠武力征服，而是靠愛和寬容大度征服。

——斯賓諾（Baruch de Spinoza）

　　寬容是化解一切仇恨的最好方法，理解是解決一切問題的關鍵。

——愛默生

　　善良的心永遠像遠方的皓月一樣美麗動人，最為純潔。

——莎士比亞

仇恨就像垃圾一樣

《百喻經》中有一則故事：

有一個人心中總是不快樂，因為他仇恨另外一個人，每天想盡辦法欲置對方於死地。

為一解心頭之恨，他向巫師請教：「大師，怎樣才能解我的心頭之恨？如果符咒可以傷害仇恨的人，我願意不惜一切代價學會它！」

巫師告訴他：「這個咒語會很靈，你想要傷害什麼人，念著它你就可以傷到他；但是在傷害別人之前，首先傷害到的是你自己。你還願意學嗎？」

儘管巫師這麼說，充滿仇恨的他還是十分樂意，他說：「只要對方能受盡折磨，不管我受到什麼報應都沒有關係，大不了大家同歸於盡！」

為了傷害別人，不惜先傷害自己，這該是怎樣的愚蠢？然而在現實生活中，這樣無意義的仇恨天天在上演，隨處可見這種「此恨綿綿無絕期」的自縛心結。仇恨就像債務一樣，你恨別人時，就等於自己先欠下了一筆債務；如果心裡的仇恨越多，活在這世上的你永遠不會再有快樂的一天。

一念嗔心起仇恨，就會讓人陷入愚痴，如同自己拿著繩子捆住自己，不得自由，而且會越勒越緊。冤仇宜解不宜結，只有發自內心的慈悲，才能徹底解除冤結，這是脫離仇恨煉獄最有效的方法。

《把敵人變成人》一書中曾轉述了 1944 年蘇聯婦女們對待德國戰俘的場景。

這些婦女中的每一個人都是戰爭的受害者，或者是父親，或者是丈夫，或者是兄弟，或者是兒子在戰爭中被德軍殺害了。

戰爭結束後押送德國戰俘，蘇聯士兵和員警們竭盡全力阻擋著她

們，生怕她們控制不住自己的衝動，找這些戰俘報仇。然而當一個老婦人把一塊黑麵包不好意思地塞到一個疲憊不堪的、兩條腿勉強支撐得住的俘虜的衣袋裡時，整個氣氛改變了，婦女們從四面八方一齊擁向俘虜，把麵包、香煙等等各種東西塞給這些戰俘……

敘述這個故事的葉夫圖申科（Yevtushenko）說了一句令人深思的話：「這些人已經不是敵人了，這些人已經是人了……」

這句話道出了人類面對苦難時所能表現出來的最善良、最偉大的生命關懷與慈悲，這些已經讓人們遠遠超越了仇恨的煉獄。

古希臘神話中有一位大英雄叫海格力斯。一天他走在坎坷不平的山路上，發現腳邊有個袋子似的東西很礙腳，海格力斯踩了那東西一腳，誰知那東西不但沒被踩破，反而膨脹起來。海格力斯惱羞成怒，拿起一根碗口粗的木棒砸它，那東西竟然大到把路都堵死了。正在這時，山中走出一位聖人，對海格力斯說：「朋友，快別動它，忘了它，離開它遠去吧！它叫仇恨袋，你不犯它，它便小如當初；你侵犯它，它就會膨脹起來，擋住你的路，與你敵對到底！」

人在社會上行走，難免與別人產生摩擦、誤會甚至仇恨，但別忘了在自己的仇恨袋裡裝滿寬容，那樣就會少一分阻礙，多一分成功的機遇。否則，你將會永遠被擋在通往成功的道路上，直至被打倒。

如果一個人心中時時懷著仇恨，這仇恨就會像海格力斯遇到的仇恨袋一樣，一次次放大，一次次膨脹，終有一天它會阻礙你內心的澄明，攪亂你步履的穩健。所以，請記住這個原則：相信命運的人應當在生活中展現他們的信仰，而不信命運的人則應本著愛與正義的原則而活著。只有這樣，我們才能遠離仇恨、超越仇恨！

不肯原諒的結果，受到傷害最大的還是自己。唯有寬容，才能從那些傷害你的人身上奪回自己的力量。一位大師曾說得好：「假如你想提一袋垃圾給對方，那麼是誰一路上聞著垃圾的臭味？是你，不是嗎？

而緊握著憤恨不放，就像是自己扛著臭垃圾，卻期望熏死別人一樣，這不是很可笑嗎？」

走出心靈的監獄

曼德拉 (Nelson Rolihlahla Mandela) 因為領導反對白人種族隔離的政策而入獄，白人統治者把他關在荒涼的大西洋小島羅本島上 27 年。當時曼德拉年事已高，但白人統治者依然像對待年輕犯人一樣對他殘酷的虐待。

羅本島上布滿岩石，到處是海豹、蛇和其他動物。曼德拉被關在集中營裡的一個「鋅皮房」，白天打石頭，將採石場的大石塊碎成石料。他有時要下到冰冷的海水裡撈海帶，有時採石頭 —— 每天早晨排隊到採石場，然後被解開腳鐐，在一個很大的石灰石場裡，用尖鎬和鐵鍬挖石灰石。因為曼德拉是要犯，看管他的看守就有 3 人。他們對他並不友好，總是找各種理由虐待他。

誰也沒有想到，1991 年曼德拉出獄當選南非總統以後，他在就職典禮上的一個舉動震驚了整個世界。

總統就職儀式開始後，曼德拉起身致辭，歡迎來賓。他依次介紹了來自世界各國的政要，然後他說，能接待這麼多尊貴的客人，他深感榮幸，但他更高興的是，當初在羅本島監獄看守他的 3 名獄警也能到場。隨即他邀請他們起身，並把他們介紹給大家。

曼德拉的博大胸襟和寬容精神，令那些殘酷虐待了他 27 年的白人汗顏，也讓所有到場的人肅然起敬。看著年邁的曼德拉緩緩站起，恭敬地向 3 個曾關押他的看守致敬，在場的所有來賓以至整個世界，都靜下來了。

後來，曼德拉向朋友們解釋說，自己年輕時性子很急，脾氣暴躁，正是獄中的生活使他學會了控制情緒，因此才活了下來。牢獄歲月給了

他時間與激勵，也使他學會了如何處理自己遭遇的痛苦。他說，感恩與寬容常常源自痛苦與磨難，必須透過極強的毅力來訓練。

獲釋當天，他的內心平靜：「當我邁過通往自由的監獄大門時，我已經清楚，自己若不能把悲痛與怨恨留在身後，那麼我仍在獄中。」

人生在世，要做的事情很多，如果因為自己受到一點傷害而仇恨別人，那不但會傷害自己，反而會因為不正常的心理妨礙自己的事業。因為，心中含恨的人比被恨的人更傷身心，不肯原諒別人的人遠比遷怒的對象傷害更深。當我們滿懷仇恨時，我們就等於給了對方力量，你的仇恨不但會影響你的血壓、食欲、睡眠，也會破壞你的健康和快樂，甚至扭曲你的個性和人格。

讓傷心隨風而去

阿拉伯著名作家阿里，有一次與吉伯和馬沙這兩位朋友一同出外旅行。三個人行經一處山崖時，馬沙失足滑落，眼看就要喪命，機靈的吉伯拚上老命拉住了他的衣襟，將他救起。為了永遠記住這一恩德，馬沙在附近的大石頭上用力刻下了這樣一行字：「某年某月某日，吉伯救了馬沙一命。」

於是三人繼續前進，不幾日來到一處河邊。可能因為長途旅行的疲勞，吉伯跟馬沙為了一件小事吵起來了，吉伯一氣之下打了馬沙一耳光。馬沙被打得眼冒金星，然而他沒有還手，卻一口氣跑到沙灘上，仍然用很大力氣在沙灘上寫下一行字：「某年某月某日，吉伯打了馬沙一記耳光，」

這以後，旅行很快結束了。回到家鄉，阿裡懷著好奇心問馬沙：「你為什麼要把吉伯救你的事刻在石頭上，而把打你耳光的事寫在沙灘上？」

馬沙平靜回答：「我將永遠感激並永遠記住吉伯救過我的命，至於他打我的事，我想讓它隨著沙子忘得一乾二淨。」

忘記是人的天性。一生中，我們要經歷許多事情，要相識、相交許多人。而心靈像一個篩子，在世事滄桑顛沛變換之中，會遺漏許多人。對於智者來說，他們忘記的是別人的不足和過錯，他們不會刻意去記恨一個人，而他們記住的卻是別人的好和善，並時時充盈著自己那顆感恩的心。他們過的將是一種寬恕和大氣的生活。

忘記仇恨和不公，記住給予和幸福，把仇恨的空間留給愛，讓我們的心靈永遠清澈透明，讓生命的里程碑永遠記載感動和感恩，從此學會去愛別人，學會給別人機會，因為寬大的胸懷能讓我們的路越走越寬。

你贏了又怎麼樣呢

因為屋子剛剛油漆完，大衛到附近一家清靜的小旅館去避居幾日。他帶的行李只是一個裝著兩雙襪子的雪茄煙盒，另有一份舊報紙包著的一瓶酒，以備不時之需。

午夜時分，大衛忽然聽到浴室中有一種奇怪的聲音。過了一會，出來了一隻小老鼠，它跳上鏡臺，嗅嗅他帶來的那些東西。然後又跳下地板，在地板上做了些怪異的老鼠體操，後來牠又跑回浴室，不知忙些什麼，一夜未停。

第二天早晨，大衛對打掃房間的女服務生說：「這間房裡有老鼠，膽子很大，吵了我一夜。」

女服務生說：「這旅館裡沒有老鼠。這是頭等旅館，而且所有的房間都剛剛裝修過。那是您的幻覺。」

大衛下樓時對電梯小姐說：「你們的女服務生倒真忠心。我告訴他說昨天晚上有只老鼠吵了我一夜。她說那是我的幻覺。」

電梯小姐說：「她說得對。這裡絕對沒有老鼠！」

　　大衛的話一定被他們傳開了。櫃檯服務生和門衛在大衛走過時都用怪異的眼光看他：此人只帶了兩雙襪子和一瓶酒就來住旅館，偏又在絕對不會有老鼠的旅館裡看見了老鼠！

　　無疑，大衛的行為替他博得了近乎荒誕的評語，那是嬌慣任性的孩子或是孤傲固執的病人所常得到的評語。

　　第二天晚上，那隻小老鼠又出來了，照舊跳來跳去，活動一番。大衛決定採取行動。

　　第三天早晨，大衛到店裡買了幾隻老鼠籠和一小包鹹肉。他把這兩件東西包好，偷偷帶進旅館，不讓當時值班的員工看見。第二天早上他起身時，看見老鼠在籠裡，既是活的，也沒有受傷。大衛不準備對任何人說什麼，只打算把裝有老鼠的籠子提到樓下，放在櫃檯上，證明自己不是無中生有。但在準備走出房門時，他忽然想到：「我這樣做，豈不是太無聊，我要做的是爽快證明在這個所謂絕對沒有老鼠的旅館裡確實有隻老鼠，從而一舉消滅它。我以雪茄煙分別裝兩雙襪子，外帶一瓶酒（現在只剩空瓶了）來住旅館而博得怪人的光彩。我這樣做，是自貶身價，使我成為一個不惜以任何手段證明我沒有錯的氣量狹窄、迂腐無聊的人。

　　想到這，大衛輕輕走回房間，把老鼠放出，讓它從窗外寬闊的窗臺跑到鄰屋的屋頂上去。

　　半小時後，他下樓退掉房間，離開旅館。出門時把空老鼠籠遞給侍者。廳中的人都向大衛微笑點頭，看著他推門而去。

　　即使是一個寬容的人，在面對別人給予自己的錯誤評價時也可能無法忍受。但在讓步的同時，自己也獲得了更大的空間，睚眥必報只會逼得自己無力應付。

何苦兩敗俱傷

知恩不報非君子，對別人給予的恩惠要努力報答。對別人給予的傷害，是否也要努力「報答」呢？是「有仇不報非君子」嗎？

在對待報恩與報仇上，普遍的看法是「以其人之道，還其人之身」。也就是說，你怎樣對待我，我就以同樣的方式回敬你，公平、合理，兩不相欠。而具體對應到報仇上，可以概括為「人不犯我，我不犯人；人若犯我，我必犯人！」乾淨俐落，不留餘地。

上面所說的對待「報仇」的態度，即使放在天平上經過精密的衡量，也是「公平」的。你打我一拳，我給你一腿，相抵消。但生活中真的有那麼多的大「仇」和「怨」值得你去回報嗎？

有人會回答：值得，為什麼不值得呢？他給我造成了傷害，讓我備受煎熬，我也要讓他嘗嘗痛苦的滋味，這叫報應！這下好了，原本是一個人痛苦，現在是兩個人了，報復者心裡確實平衡了很多。但你也應該聽到過「仇人相見，分外眼紅」這句說法，你們之間的梁子結得更大了，恐怕以後還會互相爭鬥。

有位貴婦帶著她年幼的兒子到紐約旅行，坐上車經過街口時，兒子的眼光被街頭幾位濃妝豔抹，不時對男人拋媚眼的女郎吸引住了。

「這些女士在做什麼？」男孩問。

他的母親面紅耳赤，說：「我想她們迷路了，正在問路。」

司機聽了，一臉不屑地說：「明明是妓女，你為什麼不說實話呢？」

貴婦對司機的無理十分憤怒。兒子接著又問：「妓女是什麼？她們跟一般的女人有什麼不同？她們有孩子嗎？」

「當然！」母親回答：「不然紐約的這些司機是誰生的？」

我們都常聽到衝突的雙方說辭：「是『他』先開始的！」然後繼續聽下去，你可能也會聽到：「沒錯，但我那麼做是因為之前你所說的話！」

接著是：「可是我那麼說，還不是因為你先……」結果就沒完沒了。也許當初只是一件極為簡單的小事，最後也能演變成嚴重的鬧劇。

兩輛車狹路相遇，司機互不相讓。

一陣爭吵後，一個司機鄭重其事打開報紙，靠在椅背上看報。

另一個司機也不甘示弱，大聲喊道：「喂！等你看完後能否把報紙借給我？」

另外一對父子，脾氣都很強，凡事都不願認輸，也不肯低頭讓步。一天，有位朋友來訪，所以父親就叫兒子趕快去市場買些菜回來。

兒子買完菜在回家的途中，卻在狹窄的巷口與人迎面對上，兩人竟然互不相讓，就這樣一直僵持下去。

父親覺得很奇怪，為什麼兒子買菜去了那麼久，於是前去察看發生了什麼事。當這個父親見到兒子與另一個人在巷口對峙時，就氣憤對兒子說：「你先把菜拿回去，陪客人吃飯，這裡讓我來跟他耗，看誰厲害！」

想解開纏繞在一起的絲線時，是不能用力去拉的，因為你愈用力去拉，纏繞在一起的絲線必定會纏繞得更緊。人與人的交往也一樣，很多人只知道「得理不饒人」，卻不曉得「見好就收」的道理，結果關係纏繞糾結，常鬧到兩敗俱傷的地步。

想要和解很容易

生活中很少有什麼不共戴天的大仇非報不可，真的到了「大仇」的份兒上，會有法律來制裁他，至少也有道德的力量來懲罰他。一般的怨恨與梁子，還是以德報怨更好。子曰：「為政以德，譬如北辰，居其所而眾星共之。」可見「德」的力量之大。

一天下午，當庫克駕駛著藍色的寶馬回到公寓的地下車庫時，又發現那輛黃色的法拉利停靠在離他的車位很近的地方。「為什麼不給我留

些地方？」庫克心中憤憤地想。

這天，庫克比那輛黃色法拉利先回去。當他正想關掉引擎，那輛法拉利開了進來，駕車人像以往那樣把她的車緊緊貼著庫克的車停下。庫克實在無法忍耐，加上他當時正患感冒，而且還剛收到稅務局的催款單。於是庫克怒目瞪著黃色法拉利的主人大聲喊道：「你離我遠點！」

那位黃色法拉利的主人也瞪大雙眼回敬庫克：「和誰說話？」她邊扯著嗓門大叫邊開車，「你以為你是誰，是總統嗎？」說完不屑一顧轉身走了。

庫克咬咬牙心想：「我會讓你嘗我的厲害。」第二天，庫克回家時，黃色的法拉利正好還未回車庫，庫克把車子緊貼著她的車位停下，這下她會因為水泥柱而打不開車門。

接著的幾天，那輛黃色的法拉利每天都先於庫克回到車庫，逼得庫克好苦。

「這樣下去能行嗎？該怎麼辦呢？」很快，庫克有了一個好主意。第二天早晨，黃色法拉利的女主人一坐進她的車子，就發現擋風玻璃上放著一個信封。

　　親愛的黃色法拉利：
　　很抱歉我家的男主人那天向你家女主人大喊大叫，他並不是有意針對哪個人的，這也不是他慣有的作風，只是那天他從信箱裡拿到了帶來壞消息的信件，我希望您和您家的女主人能夠原諒他。
　　　　　　　　　　　　　　　　　　　　　您的鄰居藍色寶馬

第三天早晨，當庫克走進車庫，一眼就發現了擋風玻璃上的信封，他迫不及待抽出信紙。

　　親愛的藍色寶馬：
　　我家的女主人這些日子也一直心煩意亂，因為她剛學會駕駛汽

車，因此還停不好車子，我家女主人很高興看到您寫的便條，她也會成為你們的好朋友的。

您的鄰居黃色法拉利

從那以後，每當藍色的寶馬和黃色的法拉利再相見時，他們的駕車人都會微笑著打招呼。

一位婦人和鄰居發生了糾紛，鄰居為了報復她，趁黑夜偷偷放了一個花圈在她家的門前。

第二天清晨，當婦人打開房門的時候，她震驚了。並不是感到氣憤，而是感到仇恨的可怕。是啊，多麼可怕的仇恨，它竟然衍生出如此惡毒的詛咒！竟然想置人於死地而後快！婦人在深思之後，決定用寬恕去化解仇恨。

於是，她拿著家裡種的一盆漂亮的花，也是趁夜放在了鄰居家的門口。又一個清晨到來了，鄰居剛打開房門，一縷清香撲面而來，婦人正站在自家門前對她微笑，鄰居也笑了。

一場糾紛就這樣煙消雲散了，她們和好如初。

用寬容的心去體諒他人，把微笑真誠寫在臉上，其實也是在善待我們自己。當我們以平實真摯、清靈空潔的心去寬待別人時，心與心之間便架起了相互溝通的橋樑，這樣我們也會獲得寬待，獲得快樂。

古人說：「耳目寬則天地窄，爭務短則日月長」。這意思是說，如果總是讓自己聽到的、看到的管得太寬，那麼「天地」也會變窄小的；如果把紛爭處理得當，那麼「人生的日子」就會變得有意義，就像是延長了壽命。

把敵人變成朋友

卡爾是一位賣磚的商人，因為另一位對手的惡性競爭使他陷入困難

之中。

對方在他的經銷區域內定期走訪建築師與承包商，告訴他們：卡爾的公司不可靠，他的磚不好，生意也面臨即將停業的境地。

卡爾並不認為對手會嚴重傷害到他的生意，但是這件麻煩事使他心中生出無名之火，真想「用一塊磚頭敲碎那人肥胖的腦袋」發洩。

在星期天的早晨，卡爾聽了一位牧師的講道。主題是：要施恩給那些故意跟你為難的人。卡爾把每一個字都記下來。卡爾告訴牧師，就在上個星期五，他的競爭者使他失去了一份25萬元的訂單。但是牧師卻教他要以德報怨、化敵為友，而且舉了很多例子來證明自己的理論。

當天下午，當卡爾在安排下週的日程表時，發現住在維吉尼亞州的一位顧客，要為新蓋一間辦公大樓購買一批磚。可是他所指定的磚卻不是卡爾他們公司所能製造供應的那種型號，而與卡爾的競爭對手出售的產品很相似，同時卡爾也確信那位滿嘴胡言的競爭者完全不知道有這個生意機會。

這使卡爾感到為難。如果遵從牧師的忠告，自己就應該告訴對手這項生意的機會，並且祝他好運。但如果按照自己的本意，他寧願對手永遠也得不到這筆生意。

卡爾在內心掙扎了一段時間，牧師的忠告一直盤踞在他的心頭。也許是因為很想證實牧師是錯的，卡爾拿起電話撥到競爭者的家裡。

當時那位對手難堪得說不出一句話來。卡爾很有禮貌直接告訴他，有關維吉尼亞州的那筆生意機會。

那位對手結結巴巴地說不出話來，但是很明顯，他很感激卡爾的幫忙。卡爾又答應打電話給那位住在維吉尼亞州的承包商，並推薦由對手來承攬這筆訂單。

卡爾得到了非常驚人的結果，對手不但停止散布有關他的謊言，甚至還把他無法處理的一些生意轉給卡爾做。除了他們之間的一些陰霾已

經煙消雲散外，卡爾心裡也比以前好受多了。

把敵人變成朋友，遠比簡單的寬恕敵人要高明得多。減少一個敵人，我們會放下一袋仇恨的垃圾，減少一份敵對的阻力；增加一個朋友，我們就能收穫一份友誼，得到更多幫助。而化敵為友，無疑是一種雙重的利好。

戰國時，梁國與楚國相接，兩國在邊界上各設界亭，亭卒們也都在各自的地界裡種了西瓜。梁亭的亭卒勤勞，瓜秧長勢極好，而楚亭的亭卒懶惰，瓜秧又瘦又弱，與對面瓜田的長勢簡直不能相比。楚亭的人覺得失了面子，有一天夜裡偷跑過去把梁亭的瓜秧全給扯斷了。

梁亭的人在次日面對滿目狼藉的瓜田，氣憤難平，連忙報告給邊縣的縣令宋就，請求縣令組織人力去扯楚亭的瓜秧。宋就說：「他們這樣做真的太卑鄙了！既然我們不願他們扯我們的瓜秧，為什麼我們要反過去扯他們的瓜秧呢？別人做得不對，我們再跟著學，那就太狹隘了。你們聽我的話，從今天起，每天晚上去給他們的瓜秧澆水，讓他們的瓜秧長得好。而且你們這樣做，一定不可以讓他們知道。」

梁亭的人聽了宋就的話後，勉強答應了並照辦。楚亭的人在不久後，發現自己的瓜秧長勢一天好似一天。他們感到奇怪，便暗中觀察，發現居然是梁亭的人在黑夜裡悄悄為他們澆水。楚亭人羞愧難當，將此事報告楚國邊縣的縣令。楚縣令聽後感到慚愧又十分的敬佩，又把這件事報告了楚王。楚王聽說後，也感於梁國人修睦邊鄰的誠心，特備重禮送梁王，以示自責，亦以示酬謝。這一對敵國成了友好的鄰邦。何必要多樹立仇敵呢？友善從一開始就會使你顯得大度、姿態高雅，就會使你生活的天地無比遼闊。如果別人對不住你，你還以友善待他，他自會對你有負疚感，說不定以後還會加倍補償給你，這正是做聰明人的方法。

大多數敵人正是你自己造成的，友善會使你的朋友遍天下，使你的品格昇華，生命充滿歡樂。

民國時期的名人軼事

巴金曾受到無聊小報、社會小人的謠言攻擊。巴金先生有一句斬釘截鐵的話：「我唯一的態度，就是不理！」因為若起身反擊，「小人」反倒高興了，以為他們編造的謠言發生了作用。

胡適先生在《胡適來往書信選》致楊杏佛的信中寫道：「我受了十餘年的罵，從來不怨恨罵我的人。有時他們罵的不中肯，我反替他們著急；有時他們罵的太過火，反損罵者自己的人格，我更替他們不安。如果罵我而使罵者有益，便是我間接於對他有恩了，我自然很情願挨罵。」

周作人素以態度溫和著名。他平時行事總是一團和氣，推己及人。周作人中等身材，穿著長袍，臉稍圓，一副慈眉善眼的樣子。對於來訪者，他一律不拒，總是客氣接待，與來客對坐在椅子上，不忙不急，細聲微笑地說話。幾乎沒有人見過他橫眉豎目，高聲呵斥，儘管有些事情足以把普通人的鼻子都氣歪。據說他家有個傭人，負責裡外採購，此人手腳不太乾淨，常常揩油。當時要把銀元換成銅幣，時價是 1 銀元換 460 銅幣。一次周作人與同事聊天談及，堅持認為是時價 200 多，並說他的傭人一向就是這樣與他兌換的。眾人於是笑著說他受了騙。他回家一調查，不僅如此，還有把整包大米也偷走的。他沒有辦法，鼓起勇氣，把這個傭人請來，委婉和氣說：「因為家道不濟，沒有事可做，你另謀高就吧。」不知這個傭人忽然跪倒、求饒，周作人大驚，趕緊上前扶起，說：「剛才的話就算沒說，不要在意。」

周作人任大官時期，他的一個舊學生窮得沒辦法，找他幫忙謀求職位。一次，恰逢他屋中有客，門房便擋了駕。學生疑惑周作人在回避推託，便站在門口耍潑，張口大罵，聲音高得足以讓屋裡也聽得清清楚楚。誰也沒想到，過了三五天，那位學生得以上任了。有人問周作人，

他這樣大罵你，你反用他是什麼道理。周說，到別人門口罵人，這是多麼難的事，可見他境況確實不好，太值得同情了。

看來這些民國的老前輩、老古董身上，不僅有著今人難以企及的學問，還具有今人所缺失的某些精神——比如雍容大度。

第十章
有一種擁有叫捨得

錢財散了、愛人離去、親人訣別……你捨得嗎？

—— 捨不得！

是的，捨不得。因為捨不得，我們才想方設法擁有、留住；因為捨不得，我們才悲天傷地去緬懷、痛苦。

人之所以捨不得，歸根是沒有信心掌控未來，拚命想要抓住今天，享有今天，全不顧及明天。你捨不得今天，如何能有明天？你捨不得付出，如何有收穫？你捨不得失去，如何有得到？《臥虎藏龍》裡李慕白有一句很經典的話：「當你緊握雙手，裡面什麼也沒有；當你打開雙手，世界就在你手中。」

佛家對於「捨得」，有一番理解：有捨才有得。蛇在蛻皮中長大，金在沙礫中淘出。「捨得」既是一種大自然的規則，也是一種處世與做人的規則。捨與得就如水與火、天與地、陰與陽一樣，是既對立又統一的矛盾體，相生相剋，相輔相成，存於天地，存於人生，存於心間，存於微妙的細節，囊括了萬物運行的所有規律。萬事萬物均在捨得之中，達到和諧，達到統一。

知止而後有定，定而後能靜，靜而後能安，安而後能慮，慮而後能得。

—— 曾子

貪婪、野心和欲望都不過是瘋狂之一種，雖然沒有被列為疾病。

—— 史賓諾莎（Baruch de Spinoza）

人最難征服的是自己，一旦征服自己，便無往不勝。

—— 傑西

如果錯過太陽時你流了淚，那麼你也要錯過群星。

—— 泰戈爾（Rabindranath Tagore）

一無所有的人是有福的，因為他們將獲得一切！

—— 羅曼·羅蘭

人生只在取捨之間

人的一生，是由一連串的選擇組成。你選擇了 A 大學，就意味著你放棄了 B 大學；你選擇了李小姐做妻子，就意味著你放棄了王女士……面臨多種選擇，我們常常覺得難以做出抉擇。而難以抉擇的原因，究其根本還是「捨不得」。這也想要，那也想要，取捨亂人心扉。

什麼是得？得到嬌妻是得，但你在得到的同時，意味著要失去單身時代的無拘無束。得到一份滿意的工作是得，但也意味著你失去進入其他更好工作的機會……世界上任何一種得到，必然伴隨著失去。同理，世界上任何一種失去，也意味著得到。其實，得與失之間存在著亦此亦彼、互相依存、互為轉換的關係，在婦孺皆知的「塞翁失馬」寓言中，已經對此作了形象的展現。

生活中不乏有人看不透徹，想不明白。那些自以為精明的人最容易患得患失。患得患失的人不僅為失而痛苦，還會為得而憂慮。失去了官位會痛苦，而得到了官位也未必開心得起來，他們會為如何保住自己的位置而憂慮，為再往上爬而傷神。這種人處心積慮，整天生活在這樣的心態之中，即便是權傾天下、富可敵國，又有什麼生活的品質？

14 世紀法國經院哲學家布里丹（Jean Buridan）曾經講過一個哲學故事：

有一頭毛驢站在兩堆數量、品質和與牠的距離完全相等的乾草之間。雖然享有充分的選擇自由，但由於兩堆乾草價值絕對相等，客觀上無法分辨優劣，也就無法分清究竟選擇哪一堆好，於是它站在原地不能邁步，結果活活餓死。

第十章　有一種擁有叫捨得

　　這個關於選擇的困惑後來被人們稱之為「布里丹毛驢的困惑」。布里丹毛驢的困惑和悲劇也常折磨著人類，特別是一些缺乏社會閱歷的初涉人世者。其實我們每一個人都遇到過類似布利丹毛驢所面對的情形，在兩捆難以辨別優劣或各有千秋的乾草之間做不出選擇。而選擇之難，難在「捨不得」。因此，與其說一個人不知道如何選擇，不如說他不知道如何捨棄。而一個人選擇得當，其實也就是捨棄適宜而已。

　　人生苦短，要想獲得越多，就得捨棄越多。那些什麼都不肯捨棄的人，是不可能獲得他們想要的東西的，其結果必然是對自身生命最大的捨棄，讓自己的一生永遠處於碌碌無為之中。

　　有位記者曾經採訪過一位在事業上頗為成功的女士，請教她成功的祕訣，她的回答竟然是簡單的兩個字：捨得。她用她的親身經歷對此作了最具體生動的詮釋：為了獲得事業成功，她捨棄了很多很多，優裕的城市生活、舒適的工作環境、數不清的假日……

　　有時，當提議朋友們一起聚會或集體旅遊時，我們常常會聽到朋友類似的抱怨：唉，有時間時沒錢，有錢時又沒有時間。人生是不存在一種很理想的狀態，你只能在目前的情況與條件下做出自己的決定。選擇不能拖欠，當你想著等待更好的條件時，也許你已經錯過了選擇的機會。

　　該放下時一定要捨得，不放下手中的東西，又怎麼拿起別的東西呢？

　　魚與熊掌不可兼得，有所得必有所失。從這個意義上說，任何獲得都是以捨棄為代價的。人生苦短，要想獲得越多，自然就必須捨棄越多。不懂得捨棄的人往往不幸，曾聽朋友說起過一個女人的故事，其人年逾不惑仍待字閨中，不是她不想結婚，也不是她條件不好，錯過幸福的原因恰恰在於她想獲得很多的幸福，或者說，她什麼也不肯捨棄：對於才貌平平者她不屑一顧；有才無貌者她也看不上眼；等到才貌雙全

了，自己地位低微又使個人的自尊心受到極大刺痛……有沒有她理想中的白馬王子呢？也許有，但我猜想，那一定是在天上而不在人間。

每一次默默的捨棄，捨棄某個心儀已久卻無緣分的朋友，捨棄投入卻無收穫的事時就會產生傷感，然而這種傷感並不妨礙我們重新開始，將音樂重聽一遍，將故事再說一遍！因為這是一種自然的告別與捨棄，它富有超脫精神，因而傷感得美麗！

得失之間如何取捨

面對人生的得與失，人們往往怕的不是得，而是失。只有明確了得與失的這一辯證關係之後，才會在得失之間做出明智的選擇。

美國石油大王約翰・D・洛克菲勒，33 歲時就成為美國第一個百萬富翁，43 歲時創建了世界上最大的獨占企業 —— 標準石油公司，每週收入達 100 萬美元。然而，他卻是個只求「得」，不願「失」的資本家。一次，他托運 400 萬美元的穀物，在途經伊利湖時，為避意外之災，他投了保險。但穀物托運順利，並未發生意外，於是，他為所交的 150 美元保險費而懊悔不已，傷心得失魂落魄，病倒在床上。他的這種患得患失、斤斤計較的思想觀念，給他帶來了不少煩惱，使他的身心健康受到了嚴重傷害。到 53 歲時，他「看起來像個木乃伊」已經「死了」。醫生們為了挽救他的性命，為他做了心理諮詢，告訴他只有兩種選擇：要嘛失去一定的金錢，要嘛失去自己的生命。在醫生的幫助和治療下，他對此有了深刻的醒悟。他學會開始為他人著想，熱心捐助慈善和公益事業，他先後捐出幾筆鉅款援助芝加哥大學、塔斯基黑人大學，並成立了一個龐大的國際性基金會 —— 洛克菲勒基金會 —— 致力於消滅全世界各地的疾病、文盲和貧窮。洛克菲勒把錢捐給了社會之後，才感到了人生最大的滿足，再也不為失去的金錢而煩惱了。他輕鬆快活多活了45 歲。

第十章　有一種擁有叫捨得

　　生活像一團火，能使人感到溫暖，也能使人感到煩躁。經受了得與失的考驗，人生會變得和諧快樂。

　　對於得失，態度要坦然。所謂坦然，就是生活所賜予你的，要好好珍惜，不屬於你的，就不要自尋煩惱，此其一；其二，就是得失皆宜，得而可喜，喜而不狂；失而不憂，憂而不慮。這種態度，比那種患得患失、斤斤計較的態度要開朗，比那種得而不喜，失而不憂的淡然態度要積極，要有熱情。因為患得患失是不理智的，得失不計也是不現實的。該得則得，當捨則捨，才能坦然面對得與失，找到生活的意義。這樣的得失觀才是比較客觀而又樂觀的。對於得失，認知要分明。在生活中，有的得，不是想得就能得的，有的失，不是想失就可失去的；有的得是不能得到的，有的失是不應失去的。誰得到了不應得到的，就會失去應該擁有的。當嗜取者取得不義之財的同時，就失去了不應失去的廉正。因此，當得者得之，當失者失之，不要得小而失大，亦不要得大而失小。

　　對於得失，取捨要明智。必須權衡其價值、意義的大小，才能在取捨得失的過程中把握準確，明白該得到什麼，不該得到什麼；該失去什麼，不該失去什麼。比如，為了熊掌，可以失去魚；為了所熱愛的事業，可以失去消遣娛樂；為了純真的愛情，可以失去誘人的金錢；為了科學與真理，可以失去利祿乃至生命。但是，絕不能為了得到金錢而失去愛情，為了保全性命而失去氣節，為了取得個人功名而失去人格，為了個人利益而失去集體乃至國家和民族的利益。

　　得與失之間並不是絕對相等的。在某一方面得到的多，可能在另一方面得到的少；在某一方面失去的多，可能在另一方面失去的少。比如，有的人在物質上得到的少，失去的多；但在精神上得到的多，失去的少。有的人在精神上得到的少，失去的多，卻在物質上得到的多，失去的少。由於每個人的人生觀、價值觀不是絕對相同的，各人在得失上

也不可能絕對相等。人生在世不可能得到所有的東西，也不會失去所有的東西。有所得必有所失，有所失必有所得，只不過是個多少的問題，大小的問題，正反的問題，時間的問題。

捨得的本意是珍惜

有些東西，其實是我們想留也留不住的。比如愛情，他有時候來得會很快，走得也會很快。在網上看到一篇發人深省的文章，題目是女人說：「很想離開他，但每次都捨不得。」

兩個人一起的日子久了，要分手也不是一次就可以分得開的。明明下定決心跟他分手，分開之後，卻又捨不得，兩個人就複合了。複合了一段時間，還是受不了他，這一次，真的下定決心要分手了。分開之後又捨不得。一個月之後，兩個人又再走在一起。

女人悲觀地說：「難道就這樣過一輩子？」

請相信我，終於有一次，你會捨得。

捨不得他，是因為捨不得過去。和他一起曾經有過很快樂的日子，雖然現在比不上從前，但是他曾經那麼好。怎麼捨得他？

離開之後又回去，因為捨不得從前。每一次吵架之後，都用從前那段快樂的日子來原諒他。在回憶裡，他是好的，那就算了吧。

無法忍受他，這一次真的要離開他了。可是捨不得從前，又再給他一次機會。每次對他有什麼不滿，就用從前最快樂的那段日子來寬恕他。在回憶裡，他是曾經是一百分。

然而快樂的回憶也有結束的一天。有一天，你不得不承認那些美好的日子已經永遠過去了，不能再用來原諒他。這時候你會捨得。

有道是：「愛到盡頭，覆水難收。」當愛遠走時，無論它是發生在自己或者對方身上，捨得都是唯一的出路。如果因為無法放棄曾經有過的美好，無法放下曾經擁有的執著而捨不得。除非是殫精竭慮、心灰意

冷、徹底絕望，心中已經不再有燦爛的火花，甚至連那些燃燒過後的草木灰也沒有溫度，這種時候，想不淡漠都難。從此對你形同陌路，對你的一切也不再有任何的回應。沒有餘恨，沒有深情，更沒有心思和氣力再作哪怕多一點的糾纏，剩下的只是無所謂。有一天發現對於過去的一切你都不再在乎，它們對你都變得無所謂的時候，這段愛肯定也就消失了。但到這樣的地步又何苦呢？

如果你真的珍惜那份感情，不如捨得放手。這樣還保留了那份美好的情感不至於遍體鱗傷。捨得的本意是珍惜；放手的真義是愛惜。愛情是如此，其他的又何嘗不是這樣呢？休別魚多處，莫戀淺灘頭，去時終需去，再三留不住。如果你真的在乎，那就糊塗一點，捨得一些。

世界是陰與陽的構成，人活於世無非也就是一捨一得的重複。捨得既是一種生活的哲學，更是一種處世與做人的藝術。捨與得如同水與火、天與地一樣，是既對立又統一的矛盾體，萬事萬物均在捨得之中，其實懂得了也不過只有兩個字：捨得。只有真正理解了、醒悟到了，也便知道了「不捨不得，小捨小得，大捨大得」這個道理。

榮辱不驚，順其自然

「工作真累」和「何日才能成功」之類的說法當今社會廣泛流行，這一現象引起了許多社會學家與心理學家的疑惑：為什麼社會在不斷進步，而人對工作壓力的感覺卻越來越重呢？

科技的迅速進步，使我們嘗到了物質文明的甜頭：先進的交通工具、通訊工具、娛樂工具……然而物質文明的一個缺點就是造成人與自然的日益分離。人類以犧牲自然為代價，其結果便是陷於世俗的泥淖而無法自拔，追逐外在的禮法與物欲而不知什麼是真正的美。金錢的誘惑、權力的紛爭、宦海的沉浮讓人殫心竭慮。是非、成敗、得失讓人或喜、或悲、或驚、或憂、或懼，一旦所欲難以實現，一旦所想難以成

功，一旦希望落空成了幻影，就會失落、失意乃至失志。而那些實現了夢想的呢，又很難真正滿足，他們如同一隻沒有腳的小鳥只能飛翔，在勞累中飛向生命的終點。

失落是一種心理失衡，失意是一種心理傾斜，失志則是一種心理失敗。而勞累表面上是體力的疲憊，實則是發自內心的衰竭。身心俱疲卻找不到一個可以停靠的港灣，是一件多麼無奈與絕望的事情！

出家人講究四大皆空，超凡脫俗，自然不必計較人生寵辱。而生活在滾滾紅塵之中的你我，誰也逃離不開寵辱。在榮辱問題上，若能做到順其自然，那才叫灑脫。一個人，憑著自己的努力和聰明才智獲得了應得的榮譽或愛戴時，更應該保持清醒的頭腦，切莫受寵若驚，自覺霞光萬道，「給點光亮就覺得燦爛」。一個人的榮辱感很大程度上是來自於別人對自己的評價，而生命不應該是活給別人看的。生命可以是一朵花，靜靜開，又悄悄落，有陽光和水分就按照自己的方式生長。生命可以是一朵飄逸的雲，或卷或舒，在風雨中變幻著自己的姿態。

老子的《道德經》中說：「寵辱若驚，貴大患若身。何謂寵辱若驚？寵為下，得之若驚，失之若驚，是謂寵辱若驚。何謂貴大患若身？吾所以有大患者，為吾有身，及吾無身，吾有何患？」大意是：「對於榮辱都感到心情激動，重視大的憂患就像重視自身一樣。為什麼說受到榮辱都讓人內心感到不安呢？因為被尊崇的人處在低下的地位，得到尊崇便感到激動，失去尊崇也感到驚恐，這就叫做寵辱若驚。什麼叫做重視憂患就像重視自身一樣？我之所以有憂患，是因為我有這個身體；等到我沒有這個身體時，我還有什麼憂患！」

在晚明陳繼儒的《小窗幽記》裡有一句這樣的話：寵辱不驚，閒看庭前花開花落；去留無意，漫觀天上雲卷雲舒。一個人要是能夠做到「寵辱不驚，去留無意」的境界，那麼就沒有什麼事物能絆住他的腳、拴住他的心。而唐朝的女皇武則天，死後立了一塊無字碑。武則天的無

字碑中，透露出一種大覺大悟的睿智。她以女流之輩稱帝，一手殺親子、誅功臣，盡心盡力治國家，榮辱相伴相生。既然如此，何必學他人為自己立下洋洋灑灑的功德碑？不如全部放下，千秋功過，留待後人評說。一字不著，盡得風流。

天空沒有翅膀的痕跡，而我已經飛過！

貪婪是災禍的根源

一個財主不慎掉進水裡，在水中一邊掙扎一邊喊救命。然而岸上並沒有人。上天見了，對財主說：「你若解下腰上包袱裡的黃金，不就可以遊上岸嗎？」財主聽了，生怕水浪將他的包袱沖走，反而用雙手更緊地抓住包袱──就這樣，他沉入了水底，再也沒有機會浮到水面上了。

貪婪是災禍的根源。對於貪婪的人，上天也救不了他。為人處世，若貪欲過盛，則不免損害他人的利益而遭到眾人唾棄；經營事業若好高騖遠過於貪婪，事業難以長久。

一般來說，凡貪心十足的人，凡想要把什麼東西都搞到自己手中的人，其中尤以貪財、貪色者為眾，但結局往往是搬起石頭砸自己的腳。

放羊的男孩在偶然的機會發現了一個深不可測的山洞，這個地方很隱蔽，他從未涉足過。好奇心促使他一步步往山洞深處走去。突然，就在洞的深處，他發現了一座金光閃閃的寶庫。天哪，這是不是人們常說的天下第一寶藏呢？放羊的男孩很好奇，他從來沒有見到過這麼多的金子，他小心地從成千上萬的金山中拿了小小的一條，他自言自語道：「要是財主不再讓我幫他放羊的話，這些金子也夠我生活一段時間了。」他邊說邊從金庫回到放羊的山上，「夠用了、夠用了」。然後不慌不忙將羊趕回老財主家，又如實將這一天的發現告訴了財主。還把自己撿到的那塊金子拿出來給財主看，讓他辨別其真假。財主一看、二摸、三咬

之後，一把將放羊的男孩拉到身邊，急切問藏金子的洞在哪裡。男孩把藏金子的山洞的大概位置告訴了他，老財主馬上命令管家與手下們直奔男孩放羊的那座山，還擔心男孩的話不真，讓男孩為他們帶路。

財主很快見到了真的金山，高興得不得了。他想：這下我可發了大財了，他趕忙將金子裝進自己的衣袋，還讓一起進來的手下拚命地裝。就在他們把小男孩支走，準備帶走所有的金子的時候，洞裡的神仙發話了：「人啊，別讓欲望負重太多，天一黑下來，山門就要關了，到時候，你不僅得不到半點金子，連老命也會在這裡丟掉，別太貪婪了。」

可是財主就是聽不進去，他想山洞這麼空闊，又那麼堅硬，就是天大的石頭砸下來，也砸不到自己的頭上，何況這裡有這麼多的金子呀！不拿白不拿，負重一點有什麼怕，有了這些金子，出去後我不就是大富翁了嗎？於是財主還是不停搬運，非要把金山搬空不可。忽然，一陣轟隆隆的雷聲響起後，山洞全被地下冒出的岩漿吞沒掉，財主別說是當富翁啊，就是連自己性命也丟在了火山的岩漿之中了。

岩漿依舊在地下奔騰。欲望太多、太重，會讓負重的人在一個個坎上跌倒。人有七情，也有六欲，這本屬正常，也是一個人在物質社會裡不能或缺的東西。可是六欲不能太重，七情亦不能太多，只有這樣人才能在社會上長久立足，也能夠不被欲望所左右，否則就會成為自己利益的馬前卒，或是非法財富的掠奪者，那麼總有一天人生的金礦也會冒出無情的地火，美好的生活也會在欲望的世界裡被焚毀。日本學者小路實篤在《人生論》中所說：「一味滿足自己的物質欲望是一種利己的行為，定然不能產生與他人共通之物。在否定他人的同時，洋洋自得，尾巴翹到天上，採用此種生活方式的人四處樹敵，把反感的情緒帶給眾人，損害他人，窒息自己。」

明代《菜根譚》又言：「富貴是無情之物，看得至重，它害你越大；貧賤是耐久之交，處理至好，它益你反深。故貪商而戀金穀蘊者，竟被

一時之顯戮；樂簞瓢而甘敝縕者，終享千載之令名。」這段話的意思很明顯，不節制貪欲，過於貪心，必然為貪欲所害。

那麼，該怎樣戒掉使人墮落的貪婪呢？以下幾點，可作為讀者自戒的參考。

1. 多克制一點自己不切實際的、過盛的欲望，這就是說不要縱欲，要節欲；

2. 多想一想「若要人不知，除非己莫為」的簡單道理，這就是說作為一個人要理智一點，不要耍小聰明，不要聰明反被聰明誤；

3. 多想一點法律的威力和自己的前途，這就是說，即使為了自己的將來也不能做那些違法亂紀和傷天害理的事；

4. 多想一想悲劇性後果對自己家庭、妻子、孩子的影響，一個人要多一點責任感，包括自己在家庭中的責任；一多對自己或大或小的權力進行約束，這就是說一個人有權時也不要得意忘形，不要肆無忌憚；

5. 多對自己的言行作反省，這就是說作為一個人要加強自己的人格修養，隨時隨地嚴格要求自己。

一個人做到了上述幾點，就不會貪婪了。

虛名也不要去貪

生活中，有人貪財，有人貪色，有的人卻貪圖虛名。在一定程度上說，人貪圖名聲並沒有什麼大錯。但人對名聲的追求，如果超出了限度，超出了理智時，常常會迷失自我，不是你想做什麼就可以做什麼，而是名聲要你做什麼你就得做什麼。20世紀初，法國巴黎舉行過一次十分有趣的小提琴演奏會，這個滑稽可笑的演奏會，是對追求名聲

的人的莫大諷刺。

巴黎有一個水準不高的小提琴演奏家準備開獨奏音樂會，為了出名，他想了一個主意，請喬治·艾涅斯庫為他伴奏。

喬治·艾涅斯庫（George Enescu）是羅馬尼亞著名作曲家、小提琴家、指揮家和鋼琴家 —— 被人們譽為「音樂大師」。大師經不住他的哀求，答應了他的要求。並且還請了一位著名鋼琴家臨時幫忙在臺上翻譜。小提琴演奏會如期在音樂廳舉行了。

可是，第二天巴黎有家報紙用了法蘭西式的俏皮口氣寫道：「昨天晚上進行了一場十分有趣的音樂會，那個應該拉小提琴的人不知道為什麼在彈鋼琴；那個應該彈鋼琴的人卻在翻譜子；那個頂多只能翻譜子的人，卻在拉小提琴！」

這個真實的故事告訴世人，一味追求名聲的人，想讓人家看到他的長處，結果人家卻偏偏看到了他的短處。

德國生命哲學的先驅者叔本華說：「凡是為野心所驅使，不顧自身的興趣與快樂而拚命苦做的人，多半不會留下不朽的遺作。反而是那些追求真理與美善，避開邪念，公然向惡勢力挑戰並且蔑視它的錯誤之人，往往得以千古留名。」

1903 年美國的萊特兄弟發明了飛機，並首次飛行試驗成功後，名揚全球。一次，有位記者好不容易找到兄弟倆人，要給他們拍照，弟弟奧維爾·萊特（Orville Wright）謝絕了記者的請求，他說：「為什麼要讓那麼多的人知道我們的相貌呢？」

當記者要求哥哥威爾伯·萊特（Wilbur Wright）發表講話時，威爾伯回答道：「先生，你可知道，鸚鵡叫得呱呱響，但是它卻不能翱翔於藍天。」就這樣，兄弟倆視榮譽如糞土，不寫自傳，也從不接待新聞記者，更不喜歡拋頭露面顯示自己。有一次，奧維爾從口袋裡取手帕時，帶出來一條紅絲帶，姐姐見了問他是什麼東西，他毫不在意說：「哦，

我忘記告訴你了，這是法國政府今天下午發給我的榮譽獎章。」

居禮夫人（Madame Marie Sklodowska Curie）是發現鐳元素的著名科學家，為人類做出了卓越的貢獻，她又是如何對待名聲和榮譽的呢？

一天，居禮夫人的一個女性朋友來她家做客，忽然看見她的小女兒正在玩英國皇家學會剛剛獎給她的一枚金質獎章，便大吃一驚，忙問：「瑪麗亞，能夠得到一枚英國皇家學會的獎章可是極高的榮譽，你怎麼能給孩子玩呢？」居禮夫人笑了笑說：「我是想讓孩子從小就知道，榮譽就像玩具，只能玩玩而已，絕不能永遠守著它，否則就將一事無成。」

諺語云：「名聲躲避追求的人，卻去追求躲避它的人。」這是為什麼？著名哲學家叔本華回答得很好，「這只因前者過分順應世俗，而後者能夠大膽反抗的緣故。」

就名聲本身而言，有好名聲，也有壞名聲，還有不好不壞的名聲。每個人都喜歡好名聲，鄙視壞名聲，這是人之常情。有人說名聲為人生的第二生命，有人認為名聲的喪失，有如生命的死亡。蒙古還有一句諺語：寧可折斷骨頭，也不損壞名聲。這些話都是教育人們要維護自己的好名聲，做人就要做個堂堂正正的人，不做那些損壞名聲之事。名聲是一個人追求理想，完善自我的努力過程，但不應該視作人生的目標。一個人如果把追求名聲作為自己追求的人生目標，處處賣弄自己，顯示自己，就會超出限度和理智，並無形中降低了自己的人格。

當我們學會習慣於捨得與放棄，我們往往能從失去中獲得更多。得其精髓者，人生則少有挫折，多有收穫。人的心情也會從幼稚走向成熟，從貪婪走向博大。

放棄多多益善的想法

有位年輕的獵人設計了一個捕捉野雞的裝置。他在一個大箱子裡面

和外面撒了玉米，大箱子有一道門，門上繫了一根繩子，他抓著繩子的另一端躲在暗處，只要等到野雞進入箱子，他就可以透過拉扯繩子把門關上。

布下裝置的第一天，就飛來了一群野雞。獵人數了數，有 26 隻。一隻野雞發現了大箱子裡的玉米，進入箱子，緊接著又陸續進入了 10 隻。獵人想將箱子的門關上，但轉念一想，還是再等一等吧，說不定還會有更多的野雞進入箱子裡。他正為自己的想法陶醉，不巧 1 隻溜了出來，他想還是把箱子的門關上算了，但想到本來就屬於自己的 11 隻野雞現在只剩下了 10 隻，又不甘心。他決定等箱子裡再有 11 隻野雞後，就關上門。然而就在他等第 11 隻野雞的時候，又有 2 隻野雞跑出來了。他想等箱子裡再有 10 隻野雞，就拉繩子。可是在他等待的時候，又有 3 隻野雞溜出來了。最後，箱子裡 1 隻野雞也不剩。真正是「捕雞不成反蝕了一把米」！

都說該出手時就出手，卻很少有人說該罷手時就罷手。整天忙碌，生活的意義何在？人生的樂趣何在？

只要你擁有「多多益善」的想法，認為物質生活「越多越好」，你就永遠不會滿足。

每當我們得到什麼或達到了某一目標，我們大部分人就會立即再繼續做下一件事。儘管有了成就感，但這也壓制了我們對生活和幸福的欣賞。

學會滿足並不是說你不能、不會，或不該想得到比你的財產更多的東西，只是說你的幸福不要完全依賴它。你可透過更多著眼現實，而不是注重你想得到的東西來學會滿足現有的一切。

你可以建起一種新的思維來欣賞你已享有的幸福，以新的眼光看待你的生活，就像是第一次看到它。當你建立起這一新的意識，你將會發現，當新的財產或成就到來，你欣賞它們程度將提高，而生活也將會變

得更加快樂。

即使在西方，也有這樣一種凡事皆不可過貪的思想。比如古希臘神話總是充滿寓意的。伊卡洛斯藉著裝在身上的蠟翼飛得很高，但是在接近太陽時，熾熱的陽光烤化了翅膀，他墜海而死。而他的父親卻飛得很低，安全抵家。一個人往往會隨年齡之變化而使自己的思想更為成熟，同時也會減少人生中因為貪婪而造成的錯誤。

把吃虧當成你的福氣

在中國傳統思想中，有「吃虧即是福」一說。這是哲人們所總結出來的一種人生觀 —— 它包括了愚笨者的智慧、柔弱者的力量，領略了生命含義的豁達和吃虧退隱而帶來的安穩與寧靜。與這種貌似消極的哲學相比，一切所謂積極的哲學都會顯得幼稚與不夠穩重以及不夠圓熟。

「吃虧是福」的信奉者，同時也一定是一個「和平主義」的信仰者。林語堂在《生活的藝術》中對所謂「和平主義者」這樣寫道：「和平主義的根源，就是能忍耐暫時的失敗，靜待時機，相信在萬物的體系中，在大自然動力和反動力的規律運行之上，沒有一個人能永遠占著便宜，也沒有一個人永遠做『傻子』。」

大智者，其行為常常是若愚的。而且，唯有其「若愚」，才顯其「大智」本色。其中的「若」這個字在這裡很重要，也就是「像」的意思，而不是「是」的意義。以下是唐代的寒山與拾得（他們二人實際上是一種開啟人的解脫智慧的象徵）兩個人的對話。

一日，寒山對拾得說：「今有人侮我、笑我、藐視我、毀我傷我、嫌惡恨我、詭譎欺我，則奈何？」拾得回答說：「但忍受之，依他、讓他、敬他、避他、苦苦耐他、不要理他。且過幾年，你再看他。」

那些高傲的不可一世的人，他們貪婪的結局一定是尷尬的，而我們也一定可以想像得出，善於捨得者勝利的微笑 —— 儘管這可能是一種

超脫的微笑，不過，它的確給我們的生活帶來一些好處。

「撲滿」，就是我們常常說的用瓷或泥做的存錢筒。在小的候，我們常將父母給的一些零用錢放進去，當這個存錢筒滿的時候，我們就將它打破，將其中的錢取出來。然而當它是空的時候，卻可以保全自身。

如果我們知道福禍是並行不悖的，而且福盡則禍至，而禍退則福亦來的道理，我們真的應該採取「愚」、「讓」、「怯」、「謙」這樣的態度來避禍趨福。像「愚」、「讓」、「怯」、「謙」這樣的話，即使不是出於孔子之口，也必定是哲人之言，是中國傳統思想中的一部分。

「吃虧」是指物質上的損失，但是一個人的幸福與否，卻取決於他的心境如何。如果我們用外在的東西，換來了內心上的平和，那無疑是獲得了人生的幸福，這便是值得的。

若一個人處處不肯吃虧，處處都想去占便宜，驕心日盛。一個人一旦有了驕狂的態勢，難免會侵害到別人的利益，於是紛爭四起，在四面楚歌之下，又豈有不敗之道理？

人最難做到的就是在「吃虧是福」的前提下，認識到兩點，一個是「知足」，另一個就是「安分」。「知足」會對一切都感到滿意，對所得到的一切，內心充滿感激之情；「安分」則使人從來不奢望那些根本不可能得到或根本不存在的東西。沒有妄想，也不會有邪念。表面上看來「吃虧即是福」以及「知足」、「安分」會讓人有不思進取之嫌，但這些思想也是在教導人們能成為一個對自己有清醒認知的人，做一個清醒的正常人。因為一個非常清楚的認識 —— 不需要任何理論就可以證明的是，禍患不都是在於人們的「不知足」與「不安分」，或者說是不肯吃虧而引起的嗎？

「吃虧」有兩種，一種是主動的吃虧，一種是被動的吃虧。

「主動的吃虧」指的是主動去爭取「吃虧」的機會，這種機會是指去做沒有人願意做的事、看似困難的事或是報酬少的事。這種事因為無便

宜可占，大部分的人不是拒絕就是不情願，如果你主動爭取，老闆當然對你感激有加，必會記在心上，日後無論你是升遷或是自行創業，他都是有可能幫助你的人，這也是對人際關係的幫助。最重要的是，你什麼事都做，正可以磨練你的做事能力和耐力，不但懂得比別人多，也進步得比別人快，這可是你的無形資產，絕不是用錢能買得到的。

「被動的吃虧」是指在未被告知的情形下，突然被分派了一個你並不十分願意做的工作，或是工作量突然增加。碰到這種情形，除非健康或家庭因素，否則就接下來；如果冷眼旁觀周圍環境，發現也沒有你抗拒的餘地，那就更應該「愉快」接下來。也許你不太情願，但事情已成定局，也只好用「吃虧就是占便宜」來自我寬慰，要不然怎麼辦呢？至於究竟有沒有「便宜」可占，這很難說，因為那些「虧」有可能是對你的試煉，考驗你的心志和能力，或許是為了重用你啊！姑且不論是否「重用」你，在「吃虧」的狀態下，磨練出了你的耐性，這對你日後做事絕對是有幫助的。朋友托我給他兒子介紹一個工作，這個孩子是電腦專業的大學畢業生。我把他推薦給一個圖書出版公司的老闆，老闆先請他吃飯，然後安排他到書庫實習，結果這個孩子不辭而別。老闆後來對我說：「現在的年輕人真怪！不熟悉整個公司工作流程，怎麼談得上管理，又怎麼用電腦管理。」老闆還說：「我是把他當作人才來用的，誰知他竟然這麼不懂事。我從來不請員工吃飯，他是第一個。」

看來做事「吃虧就是占便宜」，做人何嘗不是如此。

做人比做事難，但如果也有「吃虧就是占便宜」的心態，那麼做人其實也不難；因為人都喜歡占便宜，你吃一點虧，讓別人占一點便宜，那麼你就不會得罪人，人人當你是好朋友！何況拿人手短，吃人嘴軟，他今天占你一點便宜，心裡多少也會過意不去，只好在恰當時候回報你，這就是你「吃虧」之後所占到的「便宜」！

人生不需要太多的行李

大衛是紐約一家大報社的記者，工作的緣故，經常在外地跑。有一天，他又要赴外地採訪，像往常一樣，收拾好行李，一共 3 件。一個大皮箱裝了幾件襯衫、幾條領帶和一套講究的晚禮服。一個小皮箱裝採訪用的照相機、筆記本和幾本工具書。還有一個小皮包，裝一些刮鬍刀之類的隨身用品。他像往常一樣和妻子匆匆告別，奔向機場。

工作人員通知他，他要搭乘的飛機因故不能起飛，他只好換乘下一班飛機。在機場等了兩個多小時，他才搭上飛機。

飛機起飛時，他和往常一樣，開始計畫到達目的地的行程安排，利用短暫的時間做好採訪前的準備。正當他絞盡腦汁地投入工作時，飛機突然劇烈震盪了一下，接著，又是幾下震盪，他的第一個反應是：飛機遇到了故障。

空服員告訴大家繫好安全帶，飛機只是遇到氣流，一會就好了。大衛靠在座位上，也許是出於職業敏感，從剛才的震盪中，他意識到飛機遇到的麻煩不像空服員說的那麼簡單。

果然，飛機又接連幾次顛簸，而且越來越劇烈。廣播裡傳來空服員的聲音，這時，其他乘務員也站在機艙裡，告訴大家飛機出了故障，已經和機場取得聯繫，設法安全返回。現在飛機正在下落，為了安全起見，乘務員要求乘客把行李扔下去，以減輕飛機的重量。

大衛把自己的大皮箱從行李架上取下來，交給乘務員扔下去，又把隨身帶的皮包交出去。飛機還在下落，大衛猶豫片刻，才把小皮箱取下扔出去。這時，飛機下落速度開始減慢，但依然在下落，機上的乘客騷動起來，嬰兒開始哭叫，幾個女人也在哭泣。

大衛深深吸了一口氣，盡量使自己保持平靜，但想起妻子，早晨告別時太匆忙，只是匆匆吻了一下，假如他們就此永別，這將是他終生的

遺憾。他把隨身的皮夾、鋼筆、小筆記本掏出來，匆匆給妻子寫下簡短的遺書：「親愛的，如果我走了，請別太悲傷。我在一個月前剛買了一份意外保險，放在書架上第一層那幾本新書的夾頁裡，我還沒來得及告訴你，沒想到這麼快就會用上。如果你從我身上發現這張紙條，就能找到那張保險單的，原諒我，不能繼續愛你。好好保重，愛你的大衛。」

　　大衛以最大的毅力驅除內心的恐懼，幫助工作人員安慰那些因恐懼而慟哭的婦女和兒童，幫著大家穿救生衣。在關鍵時刻，越是冷靜危險就越小，生還的可能就越大。

　　最後的時刻終於到了，大衛閉上眼睛在一陣刺耳的尖叫混合著巨大的轟隆聲中，他感到一陣撞擊，他在心中和妻子、親人做最後的告別。

　　不知過了多長時間，大衛睜開眼睛，發現自己還活著，而周圍一片哭喊。他一下跳起來，眼前的一切慘不忍睹，有的倒在地上，有的在流血，有的在痛苦地呻吟，他連忙加入到救助傷患的隊伍中。

　　當妻子哭著向他奔來時，他還抱著不知是誰的孩子。這一回，他長吻著早晨剛剛別離卻彷彿別離一世的妻子。

　　那一次，只有 1/3 的乘客得以生還，而大衛毫髮無損。他損失了 3 件行李，損失了一次原定的採訪，不過他對此次空難的親身體會卻上了紐約各大報紙的頭版。

　　當我們背負這沉重的包袱艱難前行時，當我們為丟失了某件行李而悲痛傷心時，我們不妨想一想：那些包袱與行李真的是如此重要嗎？

　　人生不需要太多的行李。只要有愛的存在，就夠了。

第十一章
幽默是一道歡喜禪

適當的幽默感有助適應變化多端的生活環境，幽默感可使人在壓力中放鬆自己，並使自己保有人情味，不會變得冷酷、疏離、生氣或苦惱，它可使你的心態遠離負面狀態，使你的生活不至於太嚴肅。

美國斯坦福大學的精神學家威廉‧弗萊恩博士說：生活中如果沒有笑聲，人就會生病，並且會日趨嚴重。拿破崙‧希爾（Napoleon Hill）則認為：應該笑卻不笑的人，根本在拒絕一劑最佳的精神振奮劑。

幽默是一道歡喜禪，表現著樂觀的處世方式和豁達的人生態度。幽默具有惠己悅人的神奇功效，在任何場合，懂得並會使用幽默的人總會贏得他人的好感，獲得眾多的支持與理解。幽默能使包圍在我們生活四周的緊張、困擾和焦慮的氣氛融解，從而來幫助自己解脫困擾，幫助別人輕鬆生活。我們有時會感到經濟拮据的壓力、事業前途的迷惘與莫測，還有感情生活的困惑等等。當我們在日常生活中與這一切周旋時，不妨讓幽默來替我們承擔負擔。

幽默增強了我們生存的意義，保持了我們清醒的頭腦。由於幽默，我們在變幻無常的人生中可以減少受到打擊的機會。

—— 愛默生

不懂得幽默的人，是沒有希望的人。

—— 契訶夫（Anton Pavlovich Chekhov）

讓我們努力生活，多給別人一些歡樂。我們死的時候，連殯儀館的人都會感到惋惜。

—— 馬克‧吐溫（Mark Twain）

不要把生活看得太嚴肅，否則你永遠也享受不到它的樂趣。

—— 亞伯特‧哈巴德

幽默可以潤滑人際關係，消除緊張，減輕人生壓力，使生活更有樂趣。它把我們從個人小天地裡拉出來，使我們一見如故，尋得益友。

—— 赫伯特‧布魯諾（Herbert George Blume）

你微笑，世界也會對你笑

在我們的周圍總是有一些人有那種特殊的才能，他們能夠準確挖掘我們身上最美的亮點。另一些人則恰恰相反，總是觸到我們的痛處，每次他們出現在我們面前時，都會惹得我們火冒三丈。那些善於發現我們優點的人能夠令我們忘掉那些不愉快的東西，他們從來不會觸及我們敏感的傷疤和酸楚的痛處，總能喚起我們身上那些自然的、甜蜜的、美好的東西。

使自己在任何人面前都能做到詼諧風趣，用生動有趣的故事和玩笑使人們徹底放鬆緊張的心情。很多人在幽默的人面前都感到非常輕鬆自如，以至於願意毫無保留向他傾訴心底的祕密。陌生人總是樂於和他談話，因為他是如此熱誠和風趣，和他談話時簡直如沐春風，而且受益良多。

他們所具備的這種幽默感當然是增強談話感染力的重要因素，但並不是每個人都能如此幽默風趣。如果自己缺少幽默的天賦，而又企圖勉強製造幽默，結果可能是適得其反，令自己顯得滑稽可笑。

幽默的語言有時也能使局促、尷尬的場面變得輕鬆、和緩，使人的拘謹或不安消失，它還能調解小小的矛盾。如老舍先生曾經舉過一個例子：一個小孩見到一個陌生人長著很大的鼻子，馬上大叫道：「大鼻子！」假若這位陌生人沒有幽默感，就會不高興，而孩子的父母也會感到很難堪。假若他幽默地說：「就叫大鼻子叔叔吧！」這樣大家一笑不就解決問題了嗎？

很多人都有一種天賦的幽默特性，這是能夠抑制自負自傲的關鍵，是廣交朋友的好工具，並且還可以在人際交往中避免許多破壞性的決裂和危機。

你可以微笑著進入別人的內心，但是埋怨著就很難進入別人的內心了。你靠埋怨，或許能暫時得到別人的同情，但是如果你想長期向人訴苦，別人不久就會對你產生厭倦。如果你一直微笑著，別人反而會更愛你。

你微笑，世界便會對你笑；你埋怨，則只有你一個人在角落裡孤獨哭泣。你埋怨的時候，本來就應該是孤獨的，因為埋怨是一種自私的、幼稚的行為，意思就是你為自己憂愁而埋怨。別人可不願因為你的流淚而跟著傷感痛苦，他們一定會很快離開你。如果你能對著你的不幸微笑，世人便會都來幫你戰勝不幸的厄運。

沈從文先生被造反罰掃女廁所，沈先生告訴黃永玉先生說，這是造反派對他的信任，「他們知道我雖然政治上不可靠，但道德上可靠」。這樣的黑色幽默更是如漆黑夜空的一道閃電，近乎「天笑」了。

如果我們能擁有沈從文的心態，笑做人生又有何難？

美國鳳凰城著名演說家羅伯特說：「我發現幽默具有一種把年齡變為心理狀態的力量，而不是生理狀態的。」他還有另外一句著名的妙語：「青春永駐的祕訣是謊報年齡。」他70歲生日時，有很多朋友來看望他，其中有人勸他戴上帽子，因為他頭頂禿了。羅伯特回答說：「你不知道禿頭有多好，我是第一個知道下雨的人！」

幽默能讓世人笑口常開，從而能從一種樂觀向上的生活態度中獲得幸福的感覺。這就是幸福，一種樂觀豁達的胸懷，一種左右逢源的幽默人生佳境！

擁有了這種胸懷和這種境界，心靈就猶如有源頭的活水，我們就能用心靈的眼睛去發現幸福，發現美。在我們眼中，姹紫嫣紅、草長鶯飛

是美的；大漠孤煙、長河落日也是美的；我們甚至可以用心領會到「留得殘荷聽雨聲」、「菊殘猶有傲霜枝」的優美意境。

幽默宣揚的是豁達與雅量

據說英國前首相邱吉爾（Spencer-Churchill）有一次應邀到廣播電臺去發表演講，不料半路上汽車壞了。他為了趕時間，連忙招了一部計程車，對司機說：「送我到 BBC 廣播電臺。」「抱歉，我沒空」，司機說：「我正要趕回家收聽邱吉爾的演說。」

邱吉爾聽了很高興，馬上掏出一把鈔票給司機，並決定重新找一輛車。誰知司機接過鈔票後非常高興對邱吉爾說：「上來吧！去他的邱吉爾！」邱吉爾聽了也大笑起來，說：「對！去他的邱吉爾！」

從被人推崇到被人戲罵，上下的落差可謂很大，但邱吉爾基於自己的自信，心平氣和地接受了對方的「先揚後抑」，並且自己也樂於參加其中。幽默展示了一種豁達的品格，而豁達是對人性的一種肯定，亞里斯多德（Aristotle）曾經說過：「幽默發現正面人物在個別缺點掩飾下的真正本質。我們正是這樣不斷克服缺點，發展優點，這也就是幽默對人的肯定力量之所在。」

在半夜有小偷光臨，一般不會令人愉快，可是大作家巴爾扎克（Honoré de Balzac）卻與小偷開起玩笑。

巴爾扎克一生寫了無數作品，還是不免窮困潦倒，手頭拮据。有一天夜晚他正在睡覺，有個小偷爬進他的房間，在他的書桌上亂摸。

巴爾扎克被驚醒了，但他並沒有喊叫，而是悄悄爬起來，點亮了燈，微笑著說：「親愛的朋友，別翻了，我白天都不能在書桌裡找到錢，現在天黑了，你就更找不到啦！」

幽默顯現了一種寬闊博大的胸懷。有幽默感的人大多寬厚仁慈，富有同情心。幽默不是超然物外看破紅塵，而是一種豁達的人生觀念。

　　豁達不是偉人的專利，普通人也能有這種修養。有一位顧客正在一家小餐廳吃飯，吃到一半時，他突然高喊：「服務員，快來呀！」在場的人都吃了一驚，當服務員趕來時，他不慌不忙朝飯碗裡指了指，說道：「請幫我把這塊石頭從飯碗裡拿出去好嗎？」這種幽默得近乎藝術化的表達比起板起面孔的訓斥要好上百倍。

　　陽光普照大地，造就了自然界的勃勃生機。幽默的人，說出的某些話雖讓人感到如憨似傻，但卻因心境豁達開朗。事實上，在那種自嘲自謔或天真稚純的話語中，我們卻感受到了幽默者厚實的天性和無窮的智慧。

　　一群藝術家聚會，先是各自炫耀著自己最近得了多少版稅、有多少約稿應付不過來。再談到房價之高，並不失時機表露出自己的房子有多大。這時有人看到一個詩人一言不發，便問詩人住在哪裡？

　　詩人回答：「我沒有家」。

　　一個聚會者感嘆說：「唉，當今詩壇不景氣，詩賣不到多少錢，成家很難啊！」

　　另一個插嘴：「詩人太浪漫了，到處去找靈感，怎麼能有家呢？」

　　詩人回答：「在座都是小說家、音樂家、書法家，當然有家，沒有人稱呼詩人為詩家，所以詩人沒有家是正常的。」

　　我們知道：心情沉重的人，肯定笑不出來；心中總是充滿狐疑的人，話裡肯定不會蕩漾著暖融融的春意；整天都是牽腸掛肚的人，他的話裡肯定也有著化不開的憂鬱……只有心懷坦蕩、超越了得與失的大度之人，才能笑口常開，妙語常在，話中總是帶著對他人意味深長的關愛，帶著對自己不失尊嚴的戲謔。

　　沒有幽默感的人不會正向看待世界，不會樂觀看待自己的生活。當然樂觀不是盲目的，而是有所依附，是一種透徹之後的豁達。樂觀看待你的生活，幽默自然而生。

　　我們說，做人要有雅量。所謂雅量，就是一種優雅的容忍之量。雅量是衡量一個人成熟與否、修養程度高的重要標準之一。當你身處令人讚不絕耳的高位時面對尖銳的批評逆語，你是否能夠做到不怒目橫掃、不暴跳如雷呢？

　　前美國總統安德魯・傑克遜（Andrew Jackson）曾經同本頓決鬥過。本頓一槍擊中了傑克遜的左臂，子彈一直留在裡面近 20 年。到 1832 年醫生取出子彈的時候，本頓已經成為傑克遜熱情的支持者。傑克遜建議將子彈歸還本頓，但本頓謝絕接受。說 20 年的保管期，已使產權發生了轉移，子彈的所有權當屬傑克遜了。而傑克遜說自從上次決鬥到現在還只有 19 年，產權關係沒有發生變化。本頓回答說：「鑑於你對子彈的特別照管 —— 始終隨身攜帶 —— 我可以放棄這一年。」

　　《尚書》說：「必定要有容納的雅量，道德才會廣大；一定要能忍辱，事情才能辦得好！」如果遇到一點點不如意，便立刻勃然大怒；遇到一件不稱心的事情，立即表示氣憤感慨，這意味著沒有涵養，同時也是福氣淺薄的人。所以說：「發覺別人的奸詐，而不說出口，才有無限的韻味！」

　　應該承認，有些高貴品格是一般人企望但卻不能達到的；可人的雅量卻是完全可以透過修煉而得到甚至可做到「隨心所欲」。不信？只要自己試一試就知道。

　　人都難免與討厭的人狹路相逢，儘管有人可以裝作很隨意的樣子，竭力扮成瀟灑樣揚長而去。但有雅量的人不會做這樣事，而是緩緩笑迎著對方漠然的臉孔和布滿疑惑的眼神，坦然擦肩而過。這些人輕鬆抹去了粗魯的傷害與侮辱的陰影，用友好的陽光裝滿了雅量的酒杯，小抿一口，自是清香濃烈。當不期而遇的挫折、誤解、嘲笑等等迎面而來時，相信並依靠個人的雅量吧！那是驅逐且能夠戰勝這一切煩惱和痛苦的忠實朋友。

幽默感的內在組成，是悲感和樂感。悲感，是幽默者的現實感，就是對不協調現實的正視。樂觀，是幽默者對現實的超越感，是一種樂天感。悲感，讓幽默者可以勇於面對現實，正視人性的弱點。樂感讓幽默者在別人或者在以前的弱點面前產生「突然的榮耀感」，給幽默者以信心和勇氣，在困境中樹起勝利的風帆。

由痛苦到快樂，一定要具備超越精神。只有超越了現實，才能俯視現實，對困難採取樂觀的態度。

在社會生活中，人們可能會遭遇到不公正的待遇。一般來說，這種情形是暫時的，一旦真相大白，含冤者就會昭雪。但在現實生活中，很多人不能用幽默的態度對待這種委屈。如果我們學會幽默，就會在所受的委屈之外發現可以令人快樂的東西。樂觀不僅可以放鬆幽默者本身，還可以幫助解救那些深陷困擾的其他人。

幽默究竟有趣在哪裡

有人曾說過：「如果你為別人做了一件好事，那麼同時也治癒了自己。因為歡樂是一劑精神良方，能超越一切障礙。」就這個意義來說，當你在處理自己的大小失誤時，如果你能笑談自己的失誤，並與他人同笑，那麼你不僅給別人帶來了愉快和輕鬆，同時也治癒了因失誤引起的痛苦。以自己為笑可以消釋誤會，抹去苦惱，擊倒失敗，重振士氣。學會去看你自己認為可笑的一面，你會獲得自尊。

此外，你還給別人建立了一個榜樣，使別人也感到能和你一樣自在諧謔自己。即使以後你與他一同取笑他的失誤時，你既不會傷害他自尊，也不會令他不悅，你已經證明你是個能與他人共歡笑的人，而不是只在一旁取笑、批評他的人。

使人歡笑、使人快樂的途徑，是做使人愉快的事、說使人愉快的話。當你學會了如何諧謔自己時，你就會發現已經掌握了這種幽默能力。

有一次，張三走到咖啡出售機前，丟進硬幣，按了按寫著「咖啡、糖和牛奶」的按鈕。

他往下一看：沒有杯子！

他望著汩汩流出的咖啡，說：「天哪！這就是全自動化，該死的機器不僅給你咖啡、糖、牛奶，它還幫你喝了呢！」

幽默的人不會為不愉快的事生氣，反而會讓它變成樂趣。

在生活中，我們經常會笑，幽默就是一種幫我們建立快樂的方法。笑是人的一種本能，但人卻不會時時刻刻都能笑，想笑，要笑。笑只在一定的條件下才會發生。幽默能引人發笑，所以一些注釋家把幽默當成「善意的微笑」，「以笑為審美特徵」，還有人把幽默奉為「引發笑聲的藝術」，故而受到人們的重視。

人們的笑，可按照笑時的表情分為多種。幽默可以使人產生輕鬆的微笑、快樂的大笑，也可以引起人們的冷笑、嘲笑或似發瘋的狂笑。但笑並不是幽默的目的，就如講笑話不能等同幽默一樣，它在於讓人們笑過之後所能得到的深刻哲理和啟發，也就是說幽默在於笑的背後。

現實生活裡，很多笑話是逗人開心的鑰匙，純屬娛樂性質。根據資料介紹，已經興起了「笑學」這門新興學科，美國就成立了「笑的電臺」，專門播放引人發笑的節目；德國有專門從事笑的俱樂部叫「笑聯盟」；匈牙利等國家的電臺經常有引人發笑的小品等節目。

這樣說來，笑的確是調節人們感情和情緒的「潤滑劑」。在公司裡或家庭中，當人們工作緊張都有了疲勞感時，同事中或家庭成員中如有人出來講段幽默故事，氣氛立即變得輕鬆活躍。有這樣一則幽默故事：

三個人在爭論何種職業最先出現在這個世界上。

一位醫生說：「當然是醫生這一行，因為上帝是最偉大的治病家。」

第二個是工程師，他說：「不，是工程師最早，因為《聖經》上說，上帝從混沌之中創造世界。」

第三個是位政治家，他說：「不，你們兩位都錯了，是政治家最早。你們想那混沌的狀態是誰造成的？」

笑在社會生活中，不僅對人體健康有益，而且笑在人群中可以增進友誼，緩衝矛盾，消除隔閡。笑還是增進友誼的橋樑和紐帶，我們來看下面這個幽默：

馬克思（Karl Marx）與詩人海涅（Christian Johann Heinrich Heine）有著深厚的友情。有一年，馬克思受到法國當局的迫害，便匆忙離開了巴黎。臨行時，他給海涅寫了一封信，信中說：「親愛的朋友，離開你使我痛苦，我真想把您打包到我的行李中去。」

把人打包到行李中去這是不可能的事，馬克思在和海涅開玩笑，跟對方開個幽默的玩笑，更顯示了兩人的珍貴情誼。

這樣說來，幽默確屬引發笑聲的藝術，在各式各樣幽默作品面前，人們笑得那麼開心，笑得前仰後合，笑得淚流不止。人們嚮往著生活中充滿歡聲笑語，所以，我們絕不可以小看了「哈、哈、哈……」大笑幾聲的作用。

幽默與人際關係

某男過馬路，突聞女聲：「別動！別動！」忙立定。正欲看清究竟何事，一輛單車撞到自己身上。爬起來，才發現是一個漂亮女孩騎單車撞到了自己身上。男人說：「你叫我別動，原來是為了瞄準我啊。」倉皇而不知所措的女孩笑得花枝亂顫。這個女孩後來成了男孩的女朋友，一場馬路戀情與其說源自於「車禍」，不如說源自幽默。

恩格斯（Friedrich Engels）說：「幽默是具有智慧、教養和道德上優越感的呈現。」小小的一個幽默，也許就能拉近彼此之間的距離，也許就使別人的不當行為知所改正，或彼此間的誤會就此冰釋化解，或透過笑話自我嘲諷建立起成熟的人生態度。所以幽默之功用豈可等閒視之。

一個富有幽默感的人，應當是有魅力的人。在待人處世方面，一句風趣的話語可以改變情調，活躍氛圍。

愛因斯坦有一次去出席為他舉辦的宴會，來賓中男士都繫白領帶，女士都穿裸肩的晚禮服。他的太太因感冒沒有前去，見愛因斯坦回家了，就忙著詢問宴會上的情況。於是他告訴她，共有幾位著名的科學家出席。

他的太太打斷他的話，又問：「不管這些，你只要告訴我，那些太太都穿了什麼衣服！」

這個問題似乎不好回答。愛因斯坦說：「這我可真的不知道。如果從桌子以上的部分看，她們什麼也沒穿；如果說桌子以下的部分，我可不敢偷看！」

愛因斯坦這一幽默的回答，避開了太太的難題，又撩起了快樂的面紗。

交往中幽默可平息矛盾，使對立變成和諧，緊張化為輕鬆。

我們從下面幾個幽默的例子，可以看出幽默如何在人際關係中發揮它的力量。

在公車上，乘客和司機經常處於對立的局面，一點小事都會引起激烈的舌戰。如大腿被門夾住了，報站名沒聽到，錯過站的乘客慌張敲門大叫：「司機，下車！」而司機瞪眼瞅他，正在醞釀幾句奚落話。如果這時有一位乘客及時插嘴說：「司機不能下車。司機下車了，誰來開車？」

不僅那位錯過站的乘客會報以微笑，可能連司機也會變得和顏悅色起來。

同樣，當我們要表達內心的不滿時，如果能使用幽默的語言，別人聽起來也會順耳一些。例如：

傑克和他的情人瑪麗想喝咖啡，但端上來的咖啡差不多只有半杯，

這時傑克笑著對咖啡店主人說：「我有一個辦法，保證叫你們多賣出三倍的咖啡。」店主人洗耳恭聽，傑克說：你只需要把杯子裝到滿。」

傑克巧妙運用幽默來表達失望感，卻又不給對方帶來難堪。也許傑克並沒有喝到滿滿一杯咖啡，但傑克一定會得到友善、愉快的服務，咖啡店主人或許還會請傑克下次光臨該店。

差不多的情況下，以幽默感的評語來代替抱怨，都可以使你得到比較周到的服務，包括從餐廳點菜，到抗議商店出售包裝破損的商品。請看下面一段對話：有一次，安德魯到一家旅館去投宿，旅館櫃檯說：「對不起，我們的房間全都客滿了。」

安德魯問：「假如總統來了，你有房間給他嗎？」

「當然有！」櫃檯說。

「好。現在總統沒來，那麼你是否可以把他的房間給我？」

結果是安德魯得到了房間。當我們需要把別人的態度從否定到肯定時，幽默力量就具有說服效果，它幾乎是一種有效的特殊處方。

湯瑪斯·卡萊爾（Thomas Carlyle）對幽默的理解可以說是真知灼見。他說：「真正的幽默是從內心湧出，更甚於從頭腦湧出。它不是輕視，它的全部內涵是愛和爭取被愛。」他還說：「幽默力量的形成主要在於我們的情緒，而不在我們的理智。你的幽默力量是你，是你以愉悅的方式表現出來的你。它表達出你個人的真誠，你心靈的善良，你對他人和對生活的愛心。你能夠真正掌握幽默這種力量，那麼你也能夠表現出不平凡的作為，創造有意義的人生。」

而有人認為幽默只是一種輕浮，是巧舌如簧。這種人把生活搞得乾澀且痛苦，他不懂得幽默，也從來不會有精神上的超越。一個毫無幽默感的人，他一生中的困難很多，對自己、對別人的傷害也很大。

當然，如果把幽默當作是攻擊，是諷刺，是傷害，或是責備他人的武器，那麼只會殺死別人的感情，最終也殺死自己的感情。這樣的幽默

毫無可取之處，而你將在別人心目中變成一個可怕的人。

真正的幽默不僅是在嚴肅與趣味之間達到相宜的平衡，而且是要剝去虛假的「機智」，在愛與爭取被愛的前提下去擺脫不健康的「情緒」，睜開眼睛去看去認識自己錯誤的想法、膚淺的觀點和時而偏差的價值觀，進而使我們的身心和周圍的一切成長。

不用說，我們希望和有幽默感的人一起工作，我們願意為有幽默感的人做事。學生渴望老師把枯燥的學問講得妙趣橫生。同樣，我們要求商場和工廠的經理們具備幽默品質，更希望政府官員也多一點幽默感。大人物在日常生活中不忘多多利用幽默，小孩子就會因父母創造的幽默環境而心智活潑健康。此外還有文學、電視劇、小品、相聲、戲劇等等藝術，都是我們追求幽默的藝術載體。

這一切足以說明，幽默是一種滋養文明的品格，它產生在人們的愛與爭取被愛的基礎上，是人們改善自己和面對生活困境時所產生的需要。

化解敵意的最佳選擇

有時我們也能以有趣且有效的方式來運用帶有敵意的幽默，因為當我們把自己放進其中時，原本敵意的幽默或許就變得沒有敵意了，我們就可以如教育學者和心理學家所說的「表現於外」了。

你不一定要像演員那般去「表演」。任何時候、任何地點，你都已經站在人生的舞臺上，你能將心底的所想表現出來，解決你的困難、怨恨、痛苦和困窘。更重要的是，你也能夠幫助他人，讓他們看到你是如何將個人的困擾表現出來。

這似乎有點矛盾，但敵意的幽默的確能提供某種關懷、情感和溫柔——只要你能將它轉變成下面這個例子中的情況：

塔索走到鄰居門口，手裡握著一把斧頭，說：「我來修你的音響了。」

　　塔索並不想把鄰居的電唱機砸壞，他只是表達了對鄰居太嘈雜音響的不悅，而不是對鄰居大發雷霆。他的行為似乎是對鄰居說：「我喜歡你，我關心你，我希望和你好好相處。因此，可不可以請你把音響的聲音關小一些？」

　　你不一定也要找個道具如斧頭才能將意思表達出來。只要試著把你自己和你自己的感受放進你的幽默中，作為幽默力量的來源，就可以達到幽默的效果。

　　事實上幽默力量的許多矛盾之處，都能顯示出我們只有對所愛、所關心的人運用幽默時，才能把看似敵意的幽默有效運用，從而產生出好的結果。這類幽默與其稱為「敵意」，不如稱作「損人」更恰當些。

　　例如，威廉說：「就算皮包裡層是捕蠅板做的，我太太的錢也不可能留在皮包裡。」

　　這個玩笑表面上看來損人，但是我們可以從另一面來解釋，威廉其實很愛自己的太太，也以她為榮，認為自己的太太比別的婦女穿著更好，更具魅力。他以戲謔太太的奢侈來表示對太太的愛和驕傲，並且以此代替誇耀。

　　這當然不是讓大家去經常使用或運用這類損人的幽默，而是將這類幽默轉變為幽默力量，來幫助我們把內心的溫暖表達出來。表達內心不想擴大矛盾，希望和平處理的感受，這樣就能使我們和他人免於爆發戰火。當我們把內心負荷過重的事情表達出來時，就能卸載心頭的緊張而不引起怨懟。

　　人的一生都在追求事業上的成功，這一點對任何人來講都是同樣的。幽默不僅可以化解敵意，同時也能達到意想不到的結果。

　　在英國肯特郡的一個法庭上，一位名叫鐘斯的婦女正與丈夫鬧離婚，其理由是因為她丈夫有了「外遇」。

　　法官問道：「鐘斯太太，你能不告訴法庭，與你丈夫私通的第三者

是誰嗎？」

鐘斯太太爽快地說：「當然可以，她就是臭名遠揚、家喻戶曉的足球。」

法官聽後哭笑不得，只得勸道：「足球非人，你只能控告足球公司！」

誰知鐘斯太太果真在法庭上指控了一年生產 20 萬個足球的某足球公司。更出乎意料的是，鐘斯太太居然大獲全勝。該廠賠了她孤獨費 10 萬英鎊。

足球公司老闆說：「鐘斯太太與丈夫鬧離婚，正說明我們公司生產的足球的魄力，而她的控詞等於為公司做了一次絕妙的廣告。」

把幽默帶回你的家

一個負責人事的經理對他的新雇員說：「這份表格你填得不錯，就是有些錯誤，你在填寫與太太關係的一欄裡，應該填夫妻而不該填緊張。」

這是一個小幽默，但道盡了家庭不和睦者心中對於和睦的渴求。人人都渴望家庭和睦。對於家庭本身就和睦的人來說，正是因為他們一家對於家庭和睦的渴望，才努力經營與打造出和睦的家庭氣氛。而對於家庭不和睦的人來說，沒有人比他們更加渴望家庭的和睦了 —— 從來就沒有人為了不和睦的目標而組建家庭，一家人的不和睦只是因為不懂得如何達到和睦。

一對年輕夫妻吵架後，妻子收拾個人生活用品，準備搬出去。妻子一邊走一邊恨恨地說：「這個家我實在是待不下去，我想去外面住一段時間！」丈夫也不「示弱」，一把挽住妻子的胳膊：「等等，我們一起去外面租房子，我也感覺在這個家裡待不下去了。」妻子又好氣又好笑，停下了腳步。

家庭之中夫妻小打小鬧很正常，不論是偉人還是普通人莫不如此，怒怒之中如果即興來一兩句幽默，可以使緊張的形勢急轉而下。人們常

說「夫妻沒有隔夜仇」，更多的時候都是這種豁達的幽默消除了隔閡。遺憾的是，我們大多數家庭幾乎是與幽默無緣，我們化解家庭矛盾的方式，好像只是單一用說好話、賠禮道歉或生悶氣、找人說和、讓時光慢慢沖淡。這樣古老而又落後的方法應該改變一下了。

男女朝夕相處，天天鍋碗瓢盆，始終舉案齊眉相敬如賓反而有些不正常，有人戲稱之為「冷暴力」現象。小吵小鬧反會拉近夫妻間的距離，同時也能使內心的不滿得以宣洩，如果再佐之以幽默、機智的調侃，無疑使夫妻雙方得到一次心靈的淨化，保證了家庭生活的正常運行，請看下面這幾對夫妻的幽默故事。

駕車外出途中，一對夫妻吵了一架，誰都不願意先開口說話。最後丈夫指著遠處農莊中的一頭驢說：「你和它有親屬關係嗎？」妻子答道：「有的，夫妻關係。」

妻子：「每次我唱歌的時候，你為什麼總要到陽臺上去？」丈夫：「我是想讓大家都知道，不是我在打你。」

結婚多年，丈夫卻需要提醒才能記起某些特殊的日子。在結婚 35 週年紀念日早上，坐在桌前吃早餐的妻子暗示：「親愛的，你知道到我們每天坐的這兩把椅子已經用了 35 年了嗎？」丈夫放下報紙盯著妻子想了一會兒說：「哦，你想換一把椅子嗎？」

妻子臨睡前的絮絮叨叨總是令亨利十分不快。一天夜裡，妻子又絮叨了一陣後，吻別亨利後又說：「家裡的窗門都關上了嗎？」亨利回答：「親愛的，除了你的話匣子外，該關的都關了。」

以上幾則故事中的夫妻幽默均恰到好處表達了自己怨而不發的情緒。有丈夫對妻子缺點的諷刺，也有妻子對丈夫多疑的抗議，但其幽默的答辯均不至於使對方惱羞成怒。如妻子用夫妻關係回敬丈夫也是一頭驢，丈夫用巧言指責妻子絮叨，這些幽默的話語聽上去自然天成，又詼諧有趣。這些矛盾同樣有可能發生在我們每一個家庭之中，有時卻因為

兩三句出言不遜的氣話而使矛盾激化。

有一對夫妻，在一次爭吵中，兩人都互相指責對方的缺點，誇耀自己如何能幹，爭論得無休無止。妻子的聲音越來越高，丈夫聽得有些不耐煩了，說：「好，我承認，你比我強。」妻子得意地笑了，說：「哪一點？」丈夫說：「你的愛人比我的愛人強。」一句恰到好處的幽默，緩和了夫妻之間的緊張氣氛，化解了彼此的矛盾，使對方轉怒為喜，破涕為笑。

許多夫妻都有過類似的經歷，無謂的爭吵隨時都會發生，一旦發生又會因憤怒而很快失去理智，直至鬧得不可開交，甚至拳腳相加。在日常生活中，我們常看到這種情景，在公共場合彬彬有禮的謙謙男子或溫柔女士，在家人面前卻會為一些小事而大動肝火。有時即使是恩愛夫妻也不可避免，雙方似乎都失去了理智，哪壺不開偏提哪壺，專揭對方的痛處短處解氣，唇槍舌劍，互不相讓；等到冷靜下來，才發覺爭吵的內容是那樣愚蠢、無聊。殊不知忍一時風平浪靜，退一步海闊天空，多用幽默少動氣不是一樣也可占盡心理上的優勢嗎？

有對年輕夫妻經常吵得不可開交。太太嘮叨不休，罵丈夫是一個好吃懶做、沒有出息的老公，說自己是鮮花插在牛糞上。一會丈夫從樓梯上走下來，詼諧地向老婆說道：「尊敬的夫人，牛糞到了！」丈夫的自我解嘲，使太太破涕為笑，也結束了一場戰爭。

老張和王麗結婚多年，從未發生過硝煙彌漫的衝突。有一天，王麗問老張：「你為什麼總對我這麼好？」老張答道：「和你結婚之前，我請教過我爸爸，問他為什麼對媽媽那麼好，我爸爸說：『我從不敢刻薄地批評你媽媽的缺點或怪她做錯了事。要知道，就是因為她有缺點，有時會做錯事，才沒有找到比我更理想的丈夫。』我牢牢記住了這句話。」

老張引用他父親的話不僅幽默，而且富有哲理。願天下所有的人都記住這句話，願幽默給每個家庭都帶來快樂！

沒有幽默細胞怎麼辦

　　幽默的人讓人喜歡，這個道理大家都知道。有些不幽默的人也想讓自己幽默，奈何「自己天生沒有幽默細胞，只能空想而已」。幽默真的是天生的嗎？答案是否定的。假設有一個孩子天生就有幽默基因，你把他單獨放在原始森林中生活幾年，再回歸社會後，他還是幽默的嗎？

　　幽默不是天生的，幽默是可以培養的。再呆板的人，只要自己努力都可以變得幽默。美國前總統雷根（Ronald Wilson Reagan）以前也不是一個幽默的人，在競選總統時，別人給他提出了意見。於是他採用了最笨的辦法使自己幽默 —— 每天背一篇幽默故事，然後在遇到和幽默故事相似的場合，就照抄照做。

　　幽默確實有可以學習的門路，這點是不能否認的。儘管許多專家學者並不認同，比如余光中、錢鍾書都反對幽默技術化，但事實上幽默的確有其自身規律。

　　那麼，幽默到底有哪些「門路」可以學習？

　　首先，巧婦難為無米之炊，累積豐富的幽默素材是成為幽默高手的前提。

　　一個幽默高手要有廣泛的涉獵，不論是運動、戲劇、文化、政治、社會、國際關係……都是要具備的基本常識，吸收的辦法就是多多閱讀報紙雜誌，注意珍聞逸事，注意那些幽默短文並吸收到自己腦中，或是記下日常發生的小趣聞，再適時拿出來，那效果會加倍好。日積月累下來必是個見聞廣博的幽默高手。

　　其次，學習流行用語加以吸收運用，如有許多喜劇、諷刺劇的臺詞可以加以利用，那些喜劇演員常用些幽默詼諧的語言來逗大家笑並發人深思，而這些語言會很快流行，如果你能在談話間也引用幾句這種流行的對白，相信效果會很好。

除了電視以外還有電臺播放的節目，那些主持人也常利用對白方式表現幽默，如果你在引用時再加上一些自己的動作，那就變成你個人的幽默，效果也很不錯。流行的各種東西有時也是幽默的極好素材，就像前幾年流行的「賀歲大片」。

找尋笑料的方法，可以多找些相當出名的幽默作品，把這些當作自己的老師，研究他們表達笑料的方式，久而久之會耳濡目染，自己也變成個幽默人物。

有了幽默的素材，還要有熟練表達幽默的技巧才行。在表現幽默的時候，最好能有動作和表情配合。

歐美人在說話時常有誇張的動作，而這些動作會使原本不太好笑的話變得生動有趣，這點倒是值得我們體會的。我們可以多觀摩國外的電影，拿他們的動作來研究。

在一般人的生活圈子中，不只有喜劇演員、相聲家、漫畫家等專門使人發笑的人，若細心觀察，身邊的同事、同學也常有許多有趣的言語、行為，值得我們借鑑學習。

事實上，世界上沒有誰天生就是幽默的，必然是後天的環境與努力所致，所以只要肯下功夫研究，並加以實踐，人人都可以成為受眾人歡迎的幽默高手。

當代文化名人的幽默

著名劇作家的名片上面是這樣寫的：「藝術劇院院長 —— 暫時的；劇作家 —— 長久的；某某主席、某某顧問、某某教授、某某理事 —— 都是掛名的。」不僅在外交際極幽默，也將幽默的作風帶回了家。劇作家女兒在幽默的薰陶下，也頗為有趣。女兒在少年時就對「女大不中留」有過一番妙論：「我認為女大不中留的意思就是……嗯……就是女兒大了，要到外國去留學。」後來她果然去了美國留學。

　　劇作家女兒出國後，小兒子也去了美國留學。兒子在外面愛上了黑人女孩，想與其共結連理。女兒回家稟報父母，母親聽了大驚，女兒戲稱媽媽「有種族歧視」。「我倒沒有種族歧視，」劇作家插話說，「我就擔心他們以後給我生個黑皮膚孫子，送到家裡來讓我們帶。萬一晚上跳電，全是黑的，找不到孫子那不急死我們！」女兒連忙說：「那沒關係，斷電的時候你就叫孫子趕快張開嘴巴，那不是又找到了！」父女之間這場爭論，在幽默的外衣下溫情脈脈。

　　詩人余光中，家有四女，加上妻子，家裡形成一比五的男女比例，余光中已習慣與五個女人為伍，沙發上散置皮包、浴室裡彌漫著香皂和香水的氣味、餐桌上沒有人和他拚酒都是正常的事。所以余光中戲稱家為「女生宿舍」，稱自己為「舍監」。家裡電話裝在余光中的書房，所以他會忙得不可開交：「四個女兒加上一個太太，每人晚上四、五個電話，催魂鈴聲不絕於耳，我成了五個女人的接線生。有時也想回對方一句『她不在』，或乾脆把電話掛斷，又怕侵犯人權，何況還是女權。在一對五票的劣勢下，怎敢冒天下之大不韙？」

　　在余光中的滿腹牢騷中，我們分明可以聽出他作為家中唯一一名男性的自得與驕傲。與其說他是忍氣吞聲為家中的女人們忙進忙出，不如說他是心甘情願為家中的女人們吃苦；與其說他忙得焦頭爛額，不如說他是忙得不亦樂乎。聰明的余光中是以正話反說的方式向妻女「談情說愛」。

　　如果說余光中的「叫苦」還有一絲「欲說還休」的味道，那麼著名漫畫家丁聰的「抱怨」則完全是「一吐為快」了。有人問丁聰：「你身體這麼好，有何養生之道？」他回答說：「大概是有個好飼養員吧。飼養員就是我老婆，她煮什麼，我就吃什麼，從不挑食，不挑食的孩子就是好孩子。」有時，丁聰索性將老婆稱為「家長」，他的幸福感便表現在不時向朋友們抱怨「家長」的管束。名為訴苦，實為誇耀，丁聰正是

運用這種獨特的方式向老婆柔情傾訴。

作為當代宿儒，錢鐘書的「痴氣」幾乎無人能比。他曾認真對夫人說：「假如我們再生一個孩子，說不定長得比阿圓（錢氏獨生女）好，那我們就會喜歡那個孩子了，這樣做怎麼對得起阿圓呢！」對女兒如此「用情專一」堪為天下父親的楷模。上海作家陳村也視女兒為掌上明珠，談起女兒他就口無遮攔了：「我現在是名花有主，動輒得咎。出門要請假，回家要彙報，也覺得自己有教養多了。之所以有進步，全是女兒天天對我的栽培。」倘若不是深愛女兒，陳村怎麼可能對女兒言聽計從、畢恭畢敬呢？他還說過：「我從小就沒有父親，不明白一個標準的父親是怎麼樣的。我本可以自學成父，可是真的當了父親才知道困難。好在有女兒的言傳身教，就把父親當下來了。」

「自學成父」一方面說陳村從小沒有品嘗過父愛的滋味，另一方面也表明了他做一個好父親的決心。

看了這些文人名士和美的家庭，你是否心生羨慕？人家的文化我們也許難以學到，那就學習一些他們幽默風趣的作風吧。我們的人生需要用幽默來潤滑。

第十一章　幽默是一道歡喜禪

第十二章
明白到極致是什麼樣

　　活在世間，誰都想做聰明人，然而人生的紛繁、人性的複雜，使人不可能在有限的時間裡就洞悉世界的內涵。於是便有人唱了：「霧裡看花水中望月，你能分辯這變幻莫測的世界？濤走雲飛花開花謝你能把握這搖曳多姿的季節？」並請求「借我借我一雙慧眼吧，讓我把這紛擾看得清楚、明白、真切！」

　　誰能借你一雙慧眼呢？這個世界本來就是交織混沌的，你越是想看清，就越會發現自己看不清。看不清卻偏要去看、去較真，結果徒生諸多煩惱。於是有聰明人就提出來了：既然看不清，那我們就不去較真，乾脆糊塗一點吧。

　　即使是太陽下也有陰暗的角落，身邊的世界不可能總是那麼乾淨明亮。與親戚、配偶、同事、鄰里之間的關係錯綜複雜，一個把事事都想看得很清楚、想得明白的人，難免會斤斤計較、患得患失，由此而與人產生摩擦，引起他人的怨恨與自己的煩惱。

　　糊塗是明白的昇華，是看透不說透的涵養，是超脫物外、不染塵世的氣度，是行雲流水、悠然自得的瀟灑，是甘居下風、謙讓闊達的胸懷，是百忍成金、化險為夷的韜略。

　　古來大賢大聖，寸針相對；世間閒語，一筆勾銷。

——陳繼儒

大勇若怯，大智若愚。

——蘇軾

大賢虎變愚不測，當年頗似尋常人。

——李白

良賈深藏若虛，君子盛德貌若愚。

——老子

大知閒閒，小知間間，大言炎炎，小言詹詹。

—— 莊子

人為什麼活得很累

總聽見有人說：「活得好累！」於是「很煩！別管我」、「養家糊口真累」，這是一種壓抑、煩躁、鬱悶的心理情緒的表露和發洩，表明某些人的確活得累、活得心煩。

究其「累」的原因，有可能還是事事較真，缺乏「糊塗」意識。談婚事，你要把人家的生辰八字問個徹底；做父母，你要把別人給兒女的信都拆開檢查；當主管，你連職員上廁所也要跟去看一看；別人說句話，你要考慮半天，總想從中琢磨出個「言外之意」。

有人說大人物都有些不拘小節，此話不無道理。該清楚的不能糊塗，該糊塗的當然也不可去搞清楚。記得一位社會活動家在談演講的經驗時說，當你越是清楚意識到臺下都是些專家、學者等權威時，你演講才能的發揮就會受到限制；你越是去淡化這種意識，你的才能就越能得到充分發揮。這就好比有的著名運動員在臨場時，越是擔心金牌的得失反而越會一敗塗地。

通常人與人之間的交往免不了會產生矛盾，有了矛盾，平心靜氣坐下來交換意見，予以解決，固然是上策，但有時事情並非那麼簡單，倒不如把此事看得糊塗一點為好。正如鄭板橋所說：「退一步天地寬，讓一招前途廣……糊塗而已。」

人活一世，草木一秋，誰不願自己活得自然、自由、自在呢？誰不願自己生活得瀟灑、輕鬆、愉快呢？誰不願自己事業蓬勃、財運亨通呢？誰不願自己成為別人羨慕的人呢？不妨就學習一下「糊塗經」吧。

第十二章　明白到極致是什麼樣

看似糊塗其實很高明

許多人總愛堅持某些道理，即：為人必須是非分明，愛恨分明，千萬不能「混合」！

混淆是非，犧牲原則，當然不對。可惜在日常普通人的生活和工作當中，屬於原則問題的事情恐怕不多，大部分都是非原則性的一般事件。

「水至清則無魚，人至察則無友」。一個人太較真了，就會對什麼都看不慣，連一個朋友都容不下，把自己同社會隔絕開。鏡子很平，但在高倍放大鏡下，就好似凹凸不平的山巒；肉眼看很乾淨的東西，拿到顯微鏡下，滿目都是細菌。試想，如果我們戴著放大鏡、顯微鏡生活，恐怕連飯都不敢吃了。再用放大鏡去看別人的毛病，恐怕每個人都是罪不可赦、無可救藥。

人非聖賢，孰能無過。與人相處就要互相諒解，經常以「難得糊塗」自勉，求大同存小異，有度量，能容人，這樣就會有許多朋友，且左右逢源，諸事遂願；相反，「明察秋毫」，眼裡不容半粒沙子，過分挑剔，雞毛蒜皮的小事都要論是非曲直，容不得他人，人家就會躲你遠遠的，你只能關起門來稱孤道寡，成為讓人唯恐避之不及的異己之徒。古今中外，凡是能成大事的人都優秀的品格，那就是能容人所不能容，忍人所不能忍，善於求大同存小異，團結大多數人。他們極有胸懷，豁達而不拘小節，大處著眼而不會目光如豆，從不斤斤計較，糾纏於非原則的瑣事。

不過，要真正做到不較真，也不是一件簡單的事，需要有良好的修養，從對方的角度考慮和處理問題，多一點體諒和理解。比如有些人一旦做了官，便不容下屬出半點差錯，動輒橫眉豎目，下屬畏之如虎，時間久了，必積怨成仇。天下的事並不是一人所能包攬的，何必因一點

差錯便與人嘔氣呢？若調換一下位置，設身處地為對方著想，也許一切都會迎刃而解。何況你不也是從「下屬」升上來的嗎？

在公共場所遇到不順心的事，也不值得生氣。素不相識的人冒犯你，只要不是侮辱人格，我們就應寬大為懷，不必在意，或以柔克剛，曉之以理。跟萍水相逢的陌路人較真，實在不是聰明人會做的事。

清官難斷家務事，在家裡更不要去較真，否則你就愚不可及。老婆孩子之間沒有原則立場的大是大非問題。都是一家人，非要用「你死我活」的眼光看問題，分出個對錯來，那又有什麼用呢？人們在社會上充當著各種各樣的角色，不管是恪盡職守的國家公務員、精明的商人，還是廣大的工人、職員，但一回到家裡脫去西裝革履，也就是脫掉你所扮演角色的「行頭」，即社會對這一角色的規矩和種種要求、束縛，還原了自己的本來面目，使自己盡可能享受天倫之樂。假如你在家裡還跟在社會上一樣認真、一樣循規蹈矩，每說一句話、做一件事還要考慮對錯，還要顧忌影響和後果，掂量再三，那不僅可笑，也太累了。所以處理家庭瑣事要採取「糊塗」政策，一動不如一靜，大事化小，小事化了，當個笑口常開的和事佬。

何苦精明，難得糊塗

在日常交往中，有一類非常「精明」的人，他們處處要顯得比別人更加神機妙算，更加投機取巧。他們總在算計著別人，以為別人都比他們傻，從而可以從中揩點油，占點便宜。好像他們這樣做就會過得比別人好，這種人因為功利心太重，把功利當作人際關係的首要，所以他們生活過得很累，很緊張，缺乏樂趣。

由於他們常想著算計別人，占別人的便宜，肯定也會產生相應的防範心理，即別人也可能在算計他，要侵占他的利益，所以他處處提防，時時警惕，小心翼翼過日子。別人隨意說的一句話，做的事，也

許什麼目的也沒有，但過於「精明」者就會在心裡受到影響，晚上回家躺在床上也要細細琢磨，生怕別人有什麼謀劃會使他吃虧。他在處理人際關係上就顯得不誠實，甚至造作。我們碰到過的許多在生活中的精明者，性情都不開朗，這恐怕和他們常常過那種緊張的日子有直接的關係。

其實真正聰明的人都知道，做人不能精明過頭，這通常是指我們在日常生活中如何處理人際關係。生活畢竟不會如戰場那樣明爭暗鬥，殺機四伏，而是需要溫情和睦，無功無利的關係，也就沒有必要過於去斤斤計較、精打細算，反倒是隨遇而安的好。

的確，過日子有時需要精打細算，才能把日子安排得既合理，又過得舒服。同樣的收入，糊塗人過得就和聰明的人不一樣。因為過於聰明，處處顯得聰明，甚至在人際關係中也玩這一套，就顯得失當了。這樣的人，很難和人搞好關係，很難討人喜歡。即使他在物質上比人暫時多享受點，但在精神上付出的代價則更大，要是真聰明，就得算算這筆帳。

此外，精明人因為精明，對身邊有利害關係的人總是有一種潛在的威脅。人們時時提防他，處處打壓他。明代政治家呂坤以他豐富的閱歷和對歷史人生的深刻洞察，在《呻吟語》中有一段十分精闢的話：「精明也好十分，只需藏在渾厚裡作用。古今得禍，精明人十居其九，未有渾厚而得禍。今之人唯恐精明不至，乃所以為愚也。」《紅樓夢》中的王熙鳳，可謂精明，結果是「機關算盡反誤了卿卿性命」！

如果想要把日子過得舒服一些，靠算計別人發財是徒勞的。我們日子過得輕鬆愉快，要靠真誠、信賴、友好，碰到難處互相幫助，有了好處大家分享。這就要求我們每一個人在個人利益上都不必太「聰明」，不必擔心自己會丟失什麼。相反，大家相互謙讓，相互奉獻，相互讓利，關係融洽和睦比什麼都容易讓生活過得更好。不太聰明的人容易和

大家成為朋友，就因為大家可以與他正常相處，這之間少有功利，多有溫情，不必處處抱有戒心，有安全感。太精明的同事或朋友，總讓人覺得不可靠。人們需要周圍的人聰明、機智，但不要過分精明。

我們可以不要過分精明，但應有智慧。在生活中，許多人並非真的糊里糊塗過日子，而是不想為精明所累，其間是因為有大智慧。一個真正聰明人不會患得患失，也不會囿於世俗中的雞毛蒜皮之事而無法自拔，這樣的人自然會心胸開闊，為人豁達，日子過得有意思，有價值。

有點愚蠢又何妨

伊莎貝爾辛苦了一天之後酣然入睡。

一位玲瓏的天使飛進窗口對她說：「聰明的伊莎貝爾，每個人都應該得到一份適量的聰明和一份適量的愚蠢，可是匆忙中上帝遺忘了你的愚蠢，現在我給你送這份禮物來了。」

愚蠢？禮物？伊莎貝爾很不理解，懾於上帝的威嚴，她接過天使禮包中的愚蠢，無可奈何植入腦中。

第二天，她平生第一次講話露出了破綻，第一次解題費了心思，她花了一個早晨記住了一組單字，三天後卻忘了將近一半。她痛恨這份「禮物」。深夜，她偷偷取出了植入不深的愚蠢，扔了。

事隔數天，天使來檢查他自己做的那份工作，發現給伊莎貝爾的那份愚蠢已被扔進了垃圾箱。他第二次飛入伊莎貝爾的臥室，嚴肅對她說：「這是每個人都必須有的，只是或多或少罷了，每一個完整的人都應該這樣。」

不得已，伊莎貝爾重新把那份討厭的愚蠢撿了回來。但是她太不願意自己變成一個不聰明的人了。她把愚蠢嵌進頭髮，不讓它進入思維，居然蒙混過天使。

之後伊莎貝爾沒有考過一次低分，一直保持著強盛的記憶，出色的

思維和優異的成績。當然她也沒有了攻克難關的成就感和改正錯誤後的輕鬆。

更奇怪的是，也沒有一個同伴願意與她一起組隊去出席專題辯論會，因為她的精彩使同伴相形失色；也沒有哪個人願意和她做買賣，因為得利賺錢的總是她。連下棋打牌她都沒興趣，來者總是輸得傷心。偶然有一兩次她放水下錯棋，也很容易看出是她在暗中放人一馬，比輸了還傷害人的自尊。

她越來越孤獨，真的希望有份愚蠢了。但是聰明的腦袋再也植不進愚蠢了。她希望能再見上一次天使，可天使一去不復返了。

因為只有聰明，伊莎貝爾在痛苦中熬過單調的一生。

古往今來，不少人都推崇「糊塗」、學習「糊塗」，但其中能真正明白糊塗要義的不多。人為什麼要「糊塗」？答案是：因為「清醒」。這話看上去有些矛盾，其中卻蘊涵了深刻的人生哲理。

因為知道世事繁雜，不願花太多的精力糾纏其中，所以選擇糊塗。因為知道自己要完成的使命，需要全力以赴，所以對使命以外的事情選擇糊塗。結合我們前面所提到的「以出世的態度做人，以入世的態度做事」，我們也可以這麼說：「以糊塗的態度做人，以清醒的態度做事。」其中所謂的「糊塗」也不是什麼真糊塗，只不過是他們清楚知道自己表露出精明沒有益處，所以選擇了糊塗。

在《紅樓夢》中，賈雨村進入智通寺時，在門前看到一副破舊對聯：身後有餘忘縮手，眼前無路想回頭。這無疑是一句睿智的醒世良言，想必寺裡住著的是一個「翻過筋斗來的」明白人，可當賈雨村進寺門後，他看到的不是一個容貌端詳、白鬍飄飄、言語睿智的高僧，而是一個「既聾且昏，齒落舌鈍，所答非所問」的煮飯老僧。這個老僧看上去是個明顯的糊塗之人。這時候，還真不知道哪個是聰明者，哪個是糊塗人。

選擇糊塗，既是處世的清醒，又是有勇氣的選擇。很多人一事無成，痛苦煩惱，就是自認為自己清醒，缺乏「選擇糊塗」的勇氣。其實，在人生的長河中，或者在一些具體的人和事上，選擇糊塗，並不是阿Q式的自我滿足，自我麻醉，自我欺騙。在糊塗與清醒之間，在糊塗與聰明之間，隨時隨地都要注意掌握應有的分寸，即知道自己何時該清醒，何時該糊塗。該糊塗的時候，一定要糊塗；而該清醒的時候，則不能夠再一味糊塗。即知道自己在適當的時候「從糊塗中入，從清醒中出」；或者在適當的時候「從清醒中入，從糊塗中出」，如此出入，由清醒轉為糊塗，由糊塗轉為清醒，則必左右逢源，不為煩惱所擾，不為人事所累。

裝傻是一種頂級心術

人們常說：傻人有傻福。為什麼呢？因為人們一般懶得和傻人計較 —— 和傻人計較的話自己豈不也成了傻人？也不屑和傻人爭奪什麼 —— 贏了傻人也不是一件什麼光彩的事情。相反，為了顯示自己比傻人要高明，人們往往樂意關照傻人。因此，傻人也就有了傻福。

美國第九任總統威廉‧亨利‧哈里森（William Henry Harrison）出生在一個小鎮上，他兒時是一個文靜又害羞的老實人，人們都把他看成是傻瓜，常喜歡捉弄他。他們經常把一枚五分硬幣和一枚一角的硬幣扔在他的面前，讓他任意撿一個，威廉總是撿那個五分的，所以大家都嬉笑他。

有一天一位可憐他的好心人問他：「難道你不知道一角要比五分值錢嗎？」

「當然知道，」威廉慢條斯理地說：「不過，如果我撿了那一個一角的，恐怕他們以後就再沒有興趣扔錢給我了。」

你說他傻嗎？

《紅樓夢》中的另一主要人物薛寶釵，其待人接物極有講究。元春省親與眾人共敘同樂之時，製一燈謎，令寶玉及眾裙釵粉黛們去猜。黛玉、湘雲一干人等一猜就中，眉宇之間甚為不屑，而寶釵對這「並無甚新奇」，「一見就猜著」的謎語，卻「口中少不得稱讚，只說難猜，故意尋思」。有專家們一語破「的」：此謂之「裝愚守拙」，因其頗合賈府當權者「女子無才便是德」之訓，實為「好風憑藉力，送我上青雲」之高招。這女子，實在是一等的裝傻高手。

真正的聰明人在適當的時候會裝裝傻。明朝時，況鐘從郎中一職轉任蘇州知府。新官上任，況鐘並沒有急著燒所謂的三把火。他假裝對政務一竅不通，凡事問這問那，瞻前顧後。府裡的小吏手裡拿著公文，圍在況鐘身邊請他批示，況鐘佯裝不知所措，低聲詢問小吏如何批示為好，一切聽從下屬們的意見行事。這樣一來，一些官吏樂得手舞足蹈，都說碰上了一個傻上司。過了三天，況鐘召集知府全體官員開會。會上，況鐘一改往日愚笨懦弱之態，大聲責罵幾個官吏：某某事可行，你卻阻止我；某某事不可行，你又慫恿我。罵過之後，況鐘命左右將幾個奸佞官吏捆綁起來狠揍，將他們逐出府門。

「裝傻」看似愚笨，實則聰明。人立身處事，不矜功自誇，可以保護自己。即所謂「藏巧守拙，用晦如明。」

「愚不可及」這句話已經成為生活中的常用語，用來形容一個人傻到了無以復加的程度。但要是查一下出典，此話最早還是出於孔子之口，原先並不帶貶義，反而是一種讚揚：「子曰：『甯武子，邦有道則知，邦無道則愚。其知可及也，其愚不可及也。』」（《論語·公冶長》）

甯武子是春秋時代衛國有名的大夫，姓甯，名俞，武是他的諡號。甯武子經歷了衛國兩代的變動，由衛文公到衛成公，兩個朝代局勢完全不同，他卻安然做了兩朝元老。衛文公時，國家安定，政治清平，他

把自己的才智能力全都發揮，是個智者。到衛成公時，政治黑暗，社會動亂，情況險惡，他仍然在朝做官，卻表現得十分愚蠢魯鈍，好像什麼都不懂。但就在這愚笨外表的掩飾下，他還是為國家做了不少事情。孔子對他評價很高，說他那種聰明的表現別人還做得到，但他在亂世中為人處世的那種包藏心機的愚笨表現，是別人所學不來的。其實，真正學不到的是甯武子的那種不惜裝傻以利國利民的情操。

一分糊塗，一分灑脫

在網上看到一個有意思的貼文：

如果你家附近有一家餐廳，東西又貴又難吃，桌上還爬著蟑螂，你會因為它很近很方便，就一而再、再而三光臨嗎？

你一定會說：這是什麼爛問題，誰那麼笨，花錢買罪受？

可同樣的情況換個場合，自己或許就做了類似的蠢事。不少男女都曾經抱怨過他們的情人或配偶品性不端，三心二意，不負責任。明知在一起沒什麼好的結果，怨恨已經比愛還多，但卻「不知道為什麼」還是要和他攪和下去，分不了手。說穿了，只是為了不甘，為了習慣，這不也和光臨餐廳一樣？

—— 做人，為什麼要過於執著？！

佛家認為，人要成佛，首先得「破執」。簡單來說，破執也就是破除心中的執著。《金剛經》中有云：「應無所住而生其心。」這句話的意譯是：執著是一個人的內心最頑固的枷鎖。放下執著，少些計較，就能讓心的力量釋放出來，自由地發揮它的作用。

身在社會，身不由己，但我們終日忙碌、疲憊的心靈需要寧靜的放鬆，儘管忙碌使我們充實而又愉快，但如果我們不懂得灑脫，實際上是在給自己加重負擔。讓心靈終日勞役的我們，怎麼懂得灑脫是生命賞賜我們的禮物呢？一味追求而忘記給自己一份灑脫的機會，我們又豈能負

載更多世俗的擔子。灑脫，那是在痛苦之後的一種平靜，那是在苦澀中品味出的一絲甜蜜。擁有灑脫，我們將擁有與天地一般包容世間一切的廣闊襟懷。

有時確立一個目標，或者目標過於明晰，反而會成為一種心理負擔和精神累贅，從而束縛了我們翱翔的羽翼，相反，沒有了目標，或將目標刪除，學會灑脫，一身輕鬆的我們反而會走得更遠，飛得更高。灑脫，是一份難得的心境，只有解讀灑脫，豪放的詩仙李白在《將進酒》中這樣寫道：天生我材必有用，千金散盡還復來。

「天生我材必有用，前進散盡還復來」的自勵，才能醞釀灑脫，有「揮一揮衣袖，不帶走一片雲彩」的飄揚。

灑脫，就像一江流水迂迴輾轉，依然奔向大海，即使面臨絕境，也要飛落成瀑布；就像一山松柏立根於巨岩之中，依然刺破青天，風愈大就愈要奏響生命的音樂。有的人對他人說法不屑一顧，他們具有相當獨立的價值觀，不拒榮辱，不懼生死，不齒躬耕，不悲饑寒，不謀權術，他們的生活法，也許簡單普通，但魅力無窮，不要為無所謂的塵世而計較成敗得失，使自己光守著一顆煩悶的心；也別再為現實和理想的差距，而讓自己思索著沉悶的主題；更不要為人生的坎坷，歲月的蹉跎而一蹶不振，因為孔明曾經說過：非淡泊無以明智，非寧靜無以致遠。

也許只有灑脫，才能像蕩漾的春風，讓我們時刻感到天地間的勃勃生機；也許只有灑脫，才像噴湧的青春之泉，為我們的身軀注入無窮無盡的生命活力，生活也因此散發出永久的芳香。

誰說健忘不是一種福

「小雨，對不起，我說過一定要賺 100 萬才回來見你，但是我沒有……」一對久別的戀人重逢，男的對女的這麼說。

「是嗎？我怎麼不記得了。」女的回答。

「我不應該指責你貪財，是我不對。」男的繼續懺悔。

「你有這樣的指責嗎？我怎麼不記得了。」女的回答。

男的一定是有過這樣的誓言與指責，但女的已經「不記得」了。無論他們之間的感情是否還在，「不記得」都是一種最好的回答。在「不記得」的基礎上，可以重新開始，也可以就此結束。在青春的衝動下，哪對戀人之間沒有兌不了現的諾言？哪對戀人之間沒有海枯石爛的山盟海誓？

世界上最恐怖的莫過於一種人，只要他一打開話匣子，就嘮嘮叨叨沒完。多少年前的芝麻小事，從他嘴裡說出就像本帳簿，記得一筆不漏。有時我挺困惑，人的大腦到底有多大的空間？能貯藏多少記憶？七八十歲的老人，孩童時的事情仍記憶猶新。電腦還得點擊搜索，人則張嘴就來，彷彿幾十年前的事情就含在嘴裡，隨時可以準確無誤傾吐。其實也不盡然，同是一個人，有些事情又轉瞬即忘，甚至幾天前說的話，做的事，竟然忘得一乾二淨。那麼，我們記住了什麼？忘記了什麼？

我們以人世間最普遍存在的恩仇來說吧，有人記恩不記仇，也有人記仇不記恩。一個人，只要看看他一生中記住些什麼，忘記些什麼，就能大致觀察出他的心胸、氣度和人品。記恩不記仇的人，一般都豁達大度，為人磊落，感恩而不計前嫌；記仇不記恩的人，一般都心胸狹隘。

健忘是一種糊塗，但健忘的人生未嘗不是一種幸福。因為人生不總是自己所期望的充滿詩情畫意，那麼快樂自在。人生中有許多苦痛和悲哀、令人厭惡和心碎的東西，如果把這些東西都儲存在記憶之中的話，人生必定越來越沉重，越來越悲觀。實際上也正是這樣。當人回憶往事的時候就會發現，在人的一生中，美好快樂的體驗往往只是瞬間，只占據很小的一部分，而大部分時間則伴隨著失望、憂鬱和不滿足。

　　人生既然如此，那麼健忘一點、糊塗一些又有什麼不好呢？若如此，便能夠使我們忘掉幽怨，忘掉傷心事，減輕我們的心理重負；可以把我們從記憶的苦海中解脫出來，忘記我們的罪孽和悔恨，快活做人和享受生活。

　　過去了的，就讓它過去吧。記憶就像一本獨特的書，內容越翻越多，而且描敘越來越清晰，越讀就會越沉迷。有很多人為記憶而活著，他們執著於過去，不肯放下。還有一些人卻生性健忘，過去的失去與悲傷對他們來說都是過眼雲煙，他們不計較過去，不眷戀歷史，只求活在當下，展望未來。

　　當然，人不能將全部過去都忘記，別人對你的好，你還是要記得。我們該忘記的，主要還是過去的仇恨這類不必要的負擔。一個人如果在頭腦中種下仇恨的種子，夢裡都會想著怎麼報仇，他的一生可能都不會得到安寧。多愁善感的人，他的心情長期處於壓抑之中而得不到釋放。愁傷心，憂傷肺，憂愁的結果必然多疾病。《紅樓夢》裡的林黛玉不就是如此嗎？在我們生活中，憂愁並不能解決任何問題。要忘記過去的悲傷，生離死別，的確讓人傷心，黑髮人送白髮人，固然傷心；白髮人送黑髮人，更叫人肝腸欲斷。一個人如果長時間的沉浸在悲傷之中，對於身體健康是有很大的影響。與憂愁一樣，悲傷也不能解決任何問題，只是給自己、給他人徒添煩惱。逝者長已矣，存者且偷生。理智的做法是應當學會忘記悲傷，盡快走出悲傷，為了他人，也為了自己。

　　「人生不滿百，常懷千歲憂」在生活中選擇了「健忘」的人，才會活得瀟灑自如。當然，在生活中真的健忘，丟三落四，絕非樂事。我們說學會「健忘」，是說該忘記時不妨「忘記」一下，該糊塗時不妨「糊塗」一下。

莫拿著顯微鏡交朋友

一個人如果擁有敏銳的洞察力，能準確、全面了解一個人，的確是一筆財富。假如能針對不同的人，採取不同的交涉方法，那麼這筆財富算是用對地方。但倘若因為洞察了他人的缺點，對他人指指點點，那麼這筆財富將是一個禍害。

《大戴禮記・子張問入官》中有云：「水至清則無魚，人至察則無徒」。水太清，如蒸餾水，魚就無法生存；對人要求太苛刻，就沒有人能當他的朋友。

每個人都有缺點，甚至有一些見不得人的陰暗角落。因為我們都是凡人，都有人性的弱點，每一個人的心裡都有陰暗面，在每一個靈魂下面都藏著東西。在與人交往時，我們要懂得糊塗之術。交友的糊塗之術，簡單來說有以下幾個要點。

其一為不責小過。不要責難別人輕微的過錯。人不可能無過，不是原則問題不妨大而化之。「攻人之惡毋太嚴，要思其堪受。」意思批評朋友不可太嚴厲，一定要考慮到對方能否承受。在現實中，有的人責備朋友的過失唯恐不全，抓住別人的缺點便當把柄，只圖泄一時之憤。幾個朋友同室而居，其中一個常常不打掃衛生，另一個就常常在別人面前說那人的壞處，牢騷滿腹。久而久之，傳入那人的耳朵中，室內的氣氛越變越壞，兩個人開始冷戰，使得同寢室的人都不得安寧。這就是因小失大。

其二是不揭隱私。隱私是長在一個人的心上的痛楚，不要隨便揭發他人生活中的隱私。揭發他人的隱私，是沒有修養的行為。人都有自己不願為人所知的東西，總愛探求別人的隱私，關心別人的祕密，不僅庸俗，更讓人討厭，這種行為本身就是對朋友的不尊重，也可能給別人惹來意外的災禍。假如朋友告訴你他心中所思，你更該為其保密，他既然

信任你，那麼你一定要學會珍惜這份友情。對於朋友的祕密，三緘其口並非難事，就像朋友的東西寄放在你那，你不可以將它視為你的，想用就用。想一想，你自己一定也有隱私，「己所不欲，勿施於人」。

其三為不念舊惡。不要對朋友過去的錯誤耿耿於懷。人際間的矛盾，總會時過境遷，總把在意過去的恩怨，並不是什麼明智之舉。記仇的朋友是可怕的，他可能在什麼時候，想起你對他犯下的錯誤，也可能在什麼時候，他會報復你，以求得心理上的平衡。所以與朋友交往，要學會忘記在一起時的不快和口角之爭，下次見面還是好朋友。還有對於朋友生活、工作中的習慣，要給予尊重。如果說，在朋友做人中所出現的失誤，你尚可以埋怨一二，但對於他的個人習慣，你再挑三揀四就不是可原諒的了。每個人都有不同的特點，不可能與你相同，尊重朋友的習慣是最起碼的要求。

《菜根譚》中說：「地至穢者多生物，水至清者常無魚。故君子當存含垢納汙之量，不可持好潔獨行之操。」堆滿腐草和糞便的土地，才能長出許多茂盛的植物；一條清澈見底的小河，不會有魚來繁殖。君子應該有容忍世俗的氣度，以及寬恕他人的雅量，絕對不可自命清高，不與任何人來往而陷於孤獨。

有一種明白叫糊塗

呂端在擔當北宋參政大臣，初入朝庭的那天，有個大臣指手畫腳地說：「這傢伙也能作參政？」呂端佯裝沒有聽見而低頭走過。有些大臣替呂端打抱不平，要追查那個輕慢呂端的大臣姓名，呂端趕忙阻止說：「如果知道了他的姓名，怕是終生都很難忘記，不如不知為上。」呂端對付「記得」的招數，直接是「不聽」。沒有聽見，就無所謂記得不記得了。

在外人看來，呂端是多麼糊塗的人啊。而當別人知道了呂端糊塗的

原因後，莫不驚嘆不已。呂端明白自己很難做到不記恨輕慢自己的人，同時也明白這種記恨對人對己都沒好處，乾脆選擇糊塗 —— 不去追究是誰輕慢自己。

因為明白，所以糊塗。人在糊塗之後，和身邊的環境就和諧了。糊塗如紙燈籠，明白是其中燃燒的燈火。燈亮著，燈籠也亮著，便好照路；燈熄了，它也就如同深夜一般漆黑。燈籠之所以需要用紙罩在四周，只因為燈火雖然明亮但過於孱弱，容易灼傷他人與自己，需要適當用紙隔離，這樣既保護了燈火也保護了自己和別人。明白也需要糊塗來隔離。給明白穿上糊塗的外套，既需要處世的智慧，又需要處世的勇氣。很多人一事無成，痛苦煩惱，就是自認為自己明白，缺乏「裝糊塗」的明白與勇氣。

古往今來，無數聖賢智者在參悟人生後，都發現了糊塗的影子。孔子發現了，取名「中庸」；老子發現了，取名「無為」；莊子發現了，取名「逍遙」；釋迦牟尼看見了，取名「忘我」；墨子看見了，取名「非攻」；東晉詩人陶淵明在東籬採菊時也發現了，但他提起筆時卻又忘記了 —— 他也真夠糊塗的，只好語焉不詳地說「此中有真意，欲辯已忘言」……直到清代，才由名士鄭板橋振臂一呼，擎起一面「糊塗」大旗，大聲疾呼：「難得糊塗」！

糊塗者，非整天渾渾噩噩、無所作為的庸者。糊塗是一種不斤斤計較，吹毛求疵的大度；糊塗是一種超脫物外，不染塵世的高潔；糊塗是一種行雲流水，無欲無求的瀟灑。不過，大事當頭，切莫糊塗！把握住時機，才會使「糊塗」有所價值。這也就是所謂的「糊塗一世，聰明一時」。其實他們哪是真的糊塗，他們只是因為看清了、看透了、明白了，在俗人的眼裡成了糊塗而已。

因為心中太明白了，明白自己不能處處明白，於是就裝糊塗。從裝糊塗，到懶得究真真糊塗，這才達到糊塗的最高境界。這種真糊塗，其

實也是一種大明白。

　　這種「大明白」式的糊塗，其實就是所謂的「大智若愚」。其中所謂的「愚」，是指有意糊塗。該糊塗的時候，就不要顧忌自己的面子、自己的學識、自己的地位、自己的權勢，一定要糊塗。而該聰明、清醒的時候，則一定要聰明。由聰明轉糊塗，由糊塗轉聰明，則必左右逢源，不為煩惱所憂，不為人事所累，這樣你也必會有一個幸福、快樂、成功的人生。

　　一個人明白到了糊塗的境界，還會有什麼想不通、看不開、放不下呢？

有一種明白叫糊塗

躺平即是正義，我不是不想努力：

被失戀、被裁員、股票狂跌，管他什麼亂七八糟的事，你只需要佛系應對！

編　　著：傅世菱，江城子

發 行 人：黃振庭

出 版 者：崧燁文化事業有限公司

發 行 者：崧燁文化事業有限公司

E-mail：sonbookservice@gmail.com

粉 絲 頁：https://www.facebook.com/
　　　　　sonbookss/

網　　址：https://sonbook.net/

地　　址：台北市中正區重慶南路一段六十一號八
　　　　　樓 815 室

Rm. 815, 8F., No.61, Sec. 1, Chongqing S. Rd.,
Zhongzheng Dist., Taipei City 100, Taiwan

電　　話：(02)2370-3310

傳　　真：(02)2388-1990

印　　刷：京峯彩色印刷有限公司（京峰數位）

律師顧問：廣華律師事務所 張珮琦律師

定　　價：350 元

發行日期：2022 年 09 月第一版

◎本書以 POD 印製

國家圖書館出版品預行編目資料

躺平即是正義，我不是不想努力：
被失戀、被裁員、股票狂跌，管他
什麼亂七八糟的事，你只需要佛系
應對！ / 傅世菱，江城子編著 . --
第一版 . -- 臺北市：崧燁文化事業
有限公司 , 2022.09
　面；　公分
POD 版
ISBN 978-626-332-704-7(平裝)
1.CST: 人生哲學 2.CST: 修身
191.9　　111013333

電子書購買

臉書